KB274902

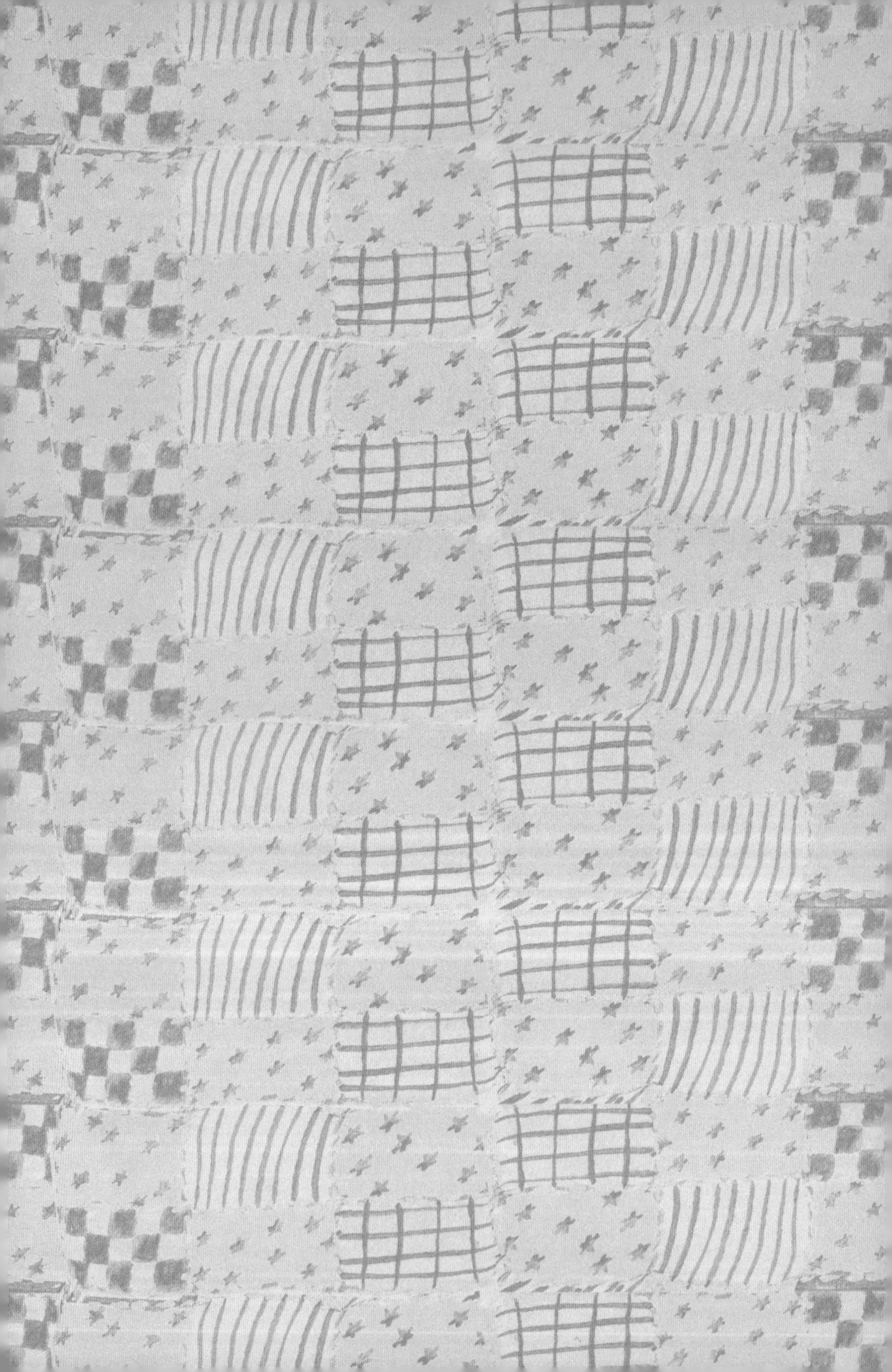

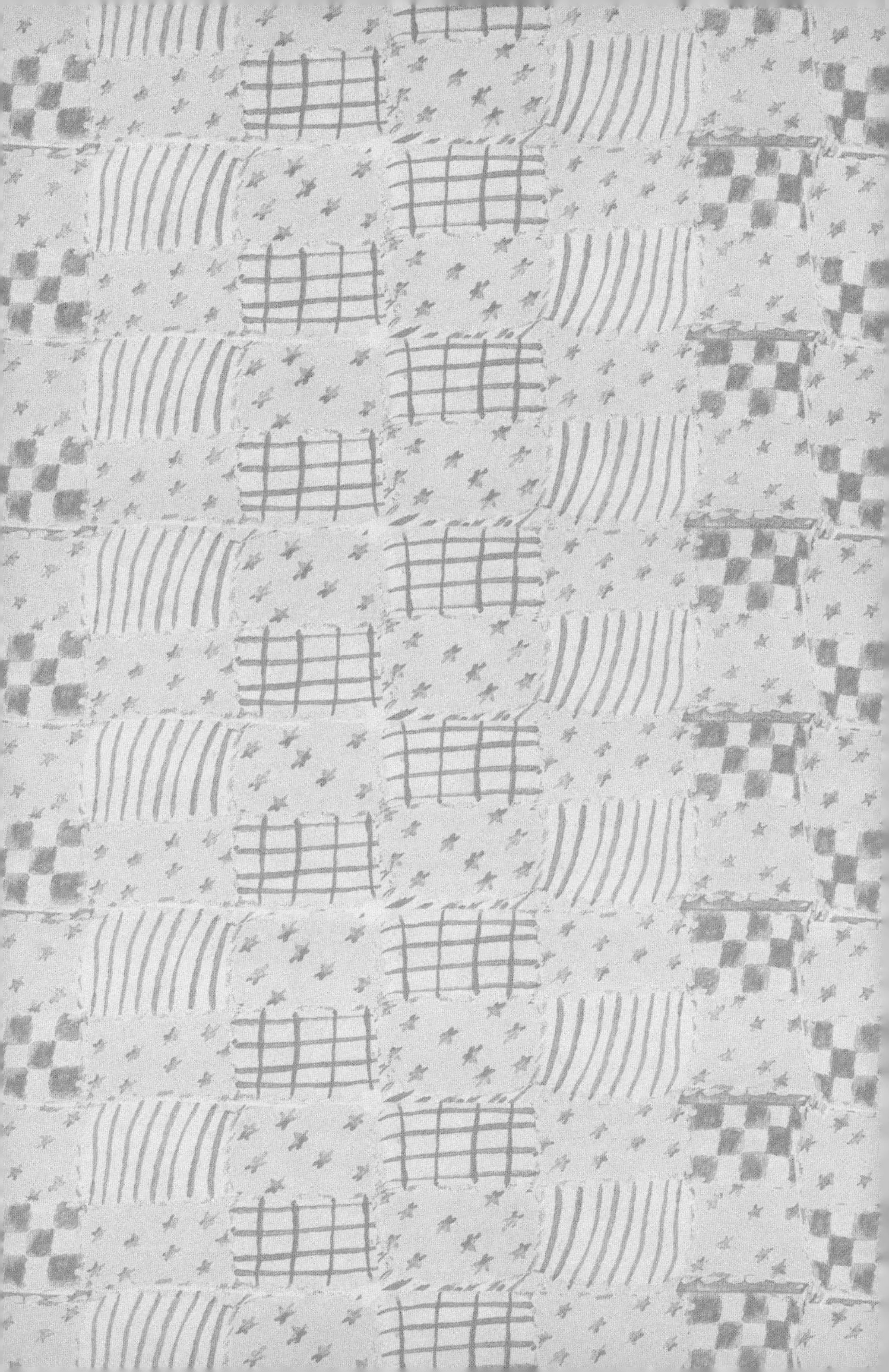

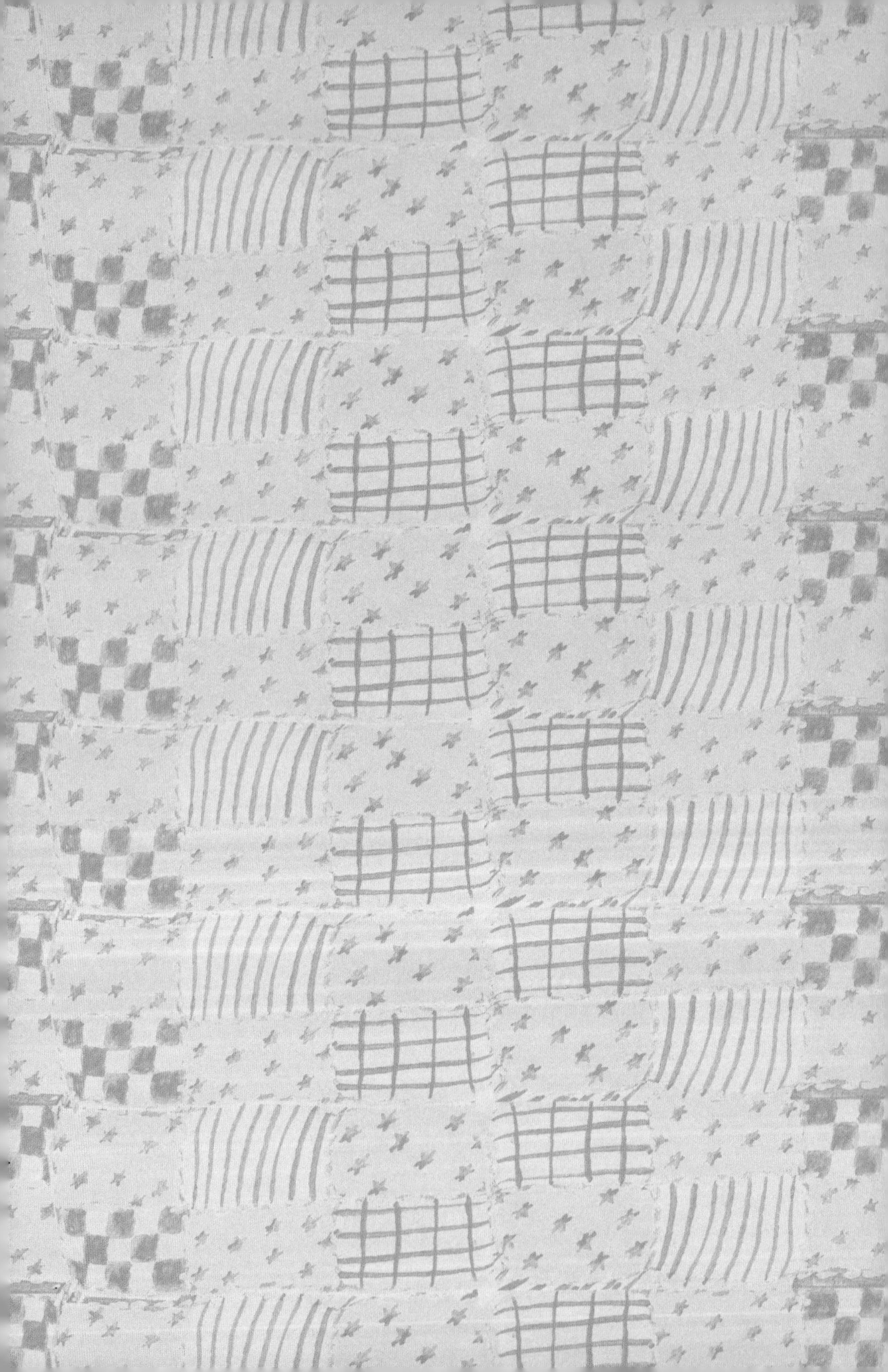

한번만 더, 조금만 더

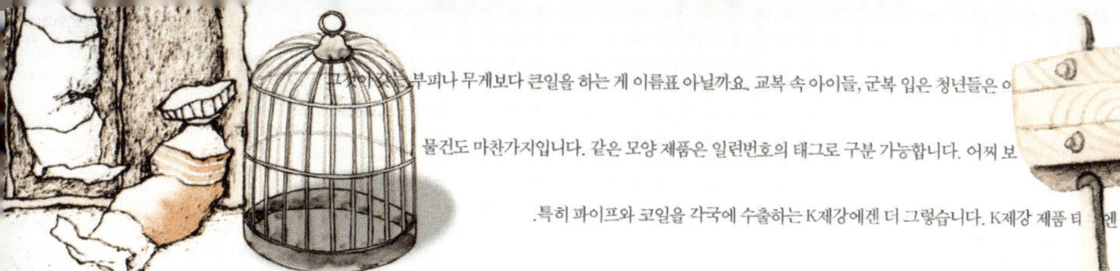

관계를 바꾸는 작은 실천

한번만 더,
조금만 더

장순욱 지음

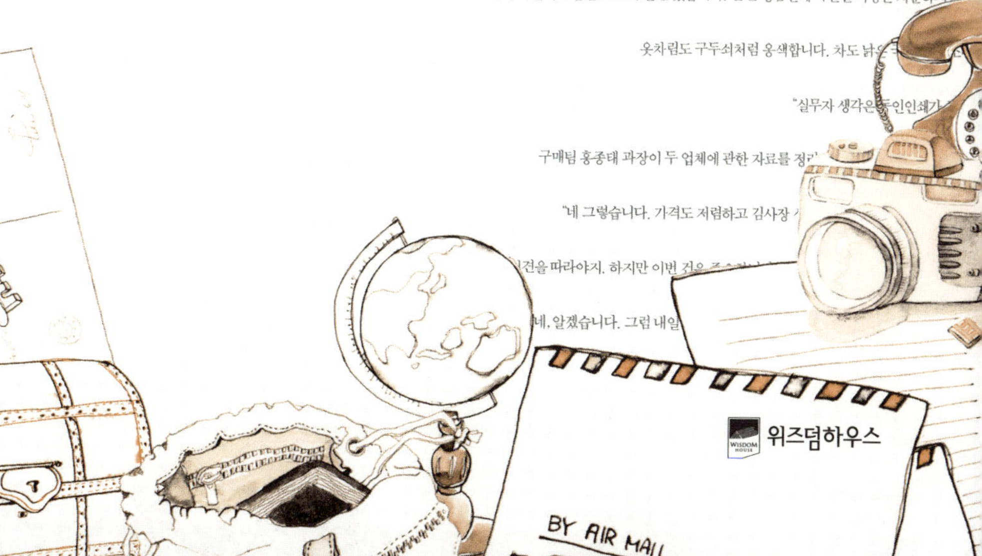

위즈덤하우스

Contents

PART 1. 딱 한번 더 소리쳐 봐요

1. 진실한 모습은 사소한 습관에서   10
2. 두터운 벽에 대고 딱 한번 소리쳐 봐요   17
3. 인내는 단 한 박자 늦추는 것   23
4. 기회는 소나기처럼   27
5. 사랑한다면, 10초만 더 기다려 보세요   33
6. 절망에 빠져 아무 말도 하지 않는다면   38
7. 어려울 때 더 밝게 빛나는 우정   43
8. 설렁탕 한 그릇이 가져온 위대한 변화   48
9. 지금 이 순간이 마지막 시간일 때   54
10. 말 한마디로 얻어낸 정직과 양심   60

PART 2. 백 마디 말보다 한 줄의 짧은 편지

11. 백 마디 말보다 한 줄의 짧은 편지   68
12. 이메일 한 줄에 가득 담은 진심   74
13. 언제나 시작은 작은 것부터   81
14. 높은 곳, 낮은 소리   87
15. 세상에서 가장 비싼 호떡 한 장   92
16. 작은 일이 더 소중한 이유   97

17. 실수를 만회하는 그가 사랑스러운 이유 103

18. 작은 성공의 기억 109

19. 배려의 힘이 세상을 바꿉니다 115

20. 성격과 바꾼 샤프 한 자루 120

21. 소도둑을 막은 쪽지 한 장 126

22. 호두과자 한 봉지 133

23. 화성남자와 금성여자를 이어주는 한마디 139

PART 3. 바로 지금이 가장 행복한 시간

24. 바로 지금이 가장 행복한 시간입니다 148

25. 사람과 사람을 이어주는 얇지만 강한 끈 153

26. 나의 헛된 하루가 누군가에겐 가장 소중한 하루 159

27. 1 더하기 무한대 164

28. 계란말이 한 조각이 만든 변화 169

29. 감출수록 돋보이는 선물 173

30. 엄마의 카레는 세상에서 가장 큰 행복입니다 179

31. 아이의 작은 소리에 담겨 있는 큰 울림 184

32. 오병이어의 기적처럼 188

33. 관계를 바꾸는 작은 실천 193

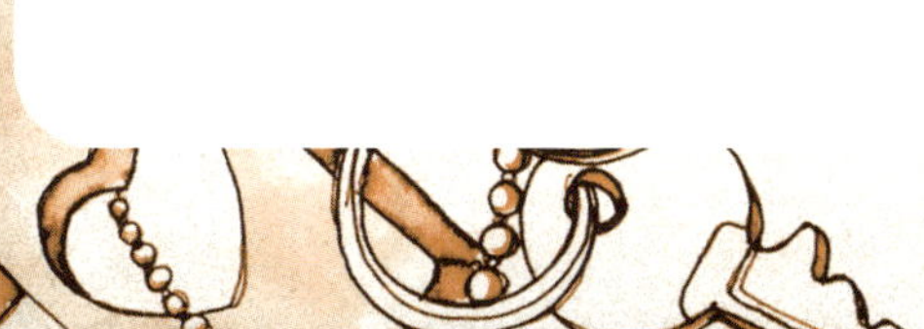
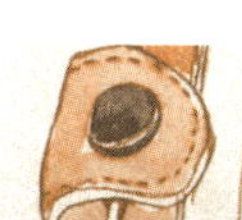

 *Prologue*

세상을 바꾸는 작은 실천

공부는 안 하고 말썽만 부리던 고등학생이 있었습니다. 직장 일로 바쁜 아버지는 해 줄 수 있는 게 별로 없었습니다. 그러던 어느 날 아버지는 연필 한 다스를 산 뒤 그중 세 자루를 깎아 아이 필통에 넣어 주었습니다.

그 일은 매일 반복됐습니다. 필통엔 언제나 반듯하게 깎인 연필 세 자루가 있었습니다. 새벽에 술 마시고 들어와서도 아이 필통을 열어 보고는 연필이 뭉툭하면 손수 기계를 돌려 깎은 뒤 제자리에 놓았습니다.

그 뒤 무슨 일이 벌어졌을까요. 한 달쯤 뒤부터 아이는 스스로 숙제를 하고 시키지 않은 공부도 시작했습니다. 그렇게 대학을 갔고 기자가 됐고 글을 쓰게 되었습니다. 지금도 연필이 종이에서 사각거리면 알 수 없는 아버지의 준엄함이 심장 위를 달립니다.

정말 신비롭고 역설적인 사실은 푼돈이 부자를 만든다는 점입니다. 그래서 워런 버핏은 100달러를 벌기보다 1달러를 아끼라고 말합니다.

이보다 더 신비로운 건 세상을 바꾸는 힘이 때론 눈에 보이지도 않는 아주 작은 실천이라는 사실입니다. 그리고 작은 실천은 누구나 할 수 있습니다.

우리에게 정말 필요한 것은 대단한 일을 잘하는 능력이 아닌, 작은 일을 소중하게 생각하고 실천하는 마음입니다. 그 실천에 관한 작은 책이 이제 여기에 펼쳐집니다.

2009년 6월
장순욱

BY AIR MAIL
Ink

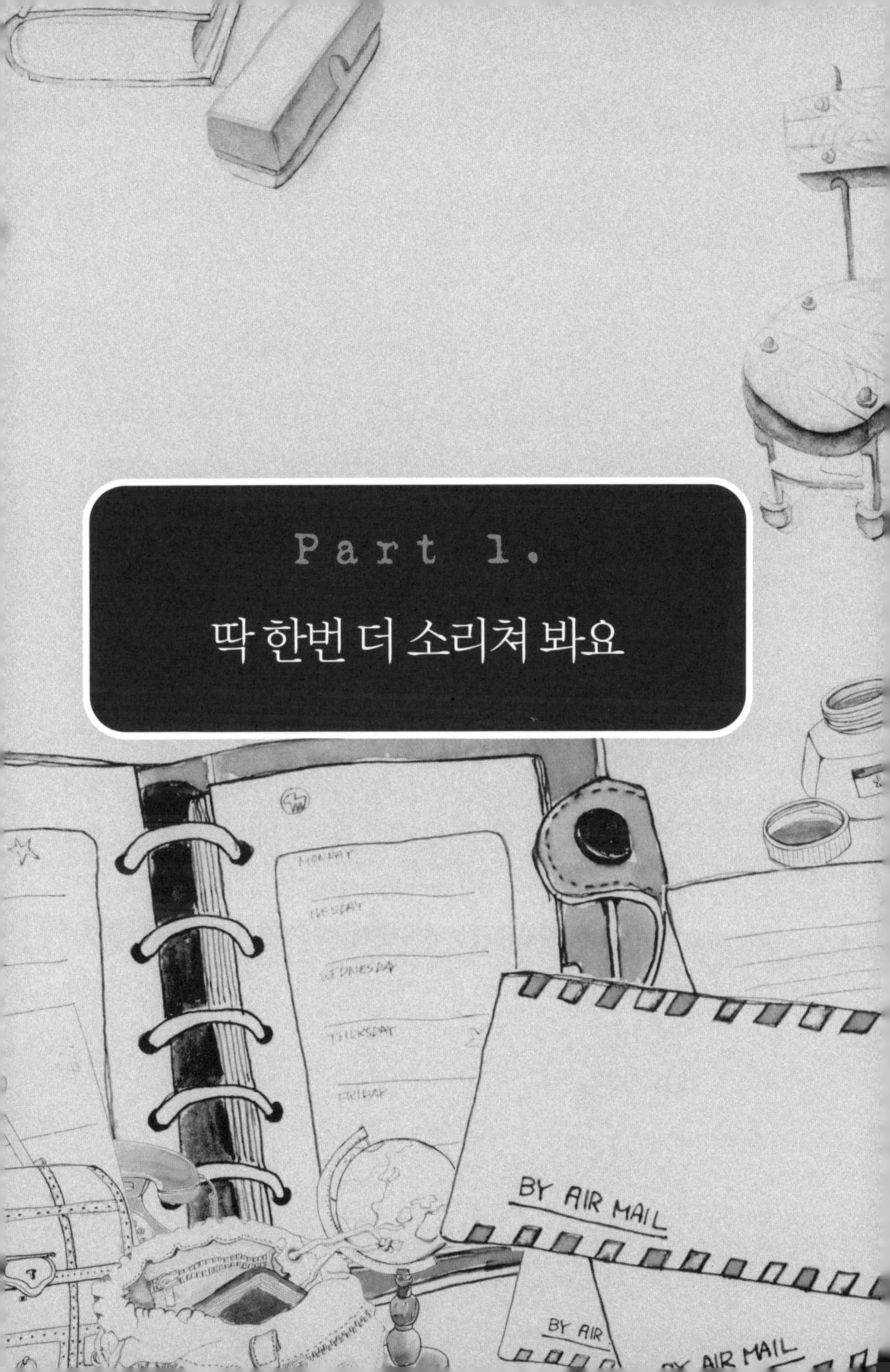

Part 1.
딱 한번 더 소리쳐 봐요
MONDAY
TUESDAY
WEDNESDAY
THURSDAY
FRIDAY
BY AIR MAIL
BY AIR
BY AIR MAIL

1

진실한 모습은
사소한 습관에서

별것 아닌 것 같은 숫자나 문자 하나 차이로 존재 자체가 달라지는 경우가 많이 있습니다. 슈퍼마켓에서 긴 바코드로 인식되는 식품이나 물건도 눈에 보이는 모양으로 인식되기보다는 숫자로 구분이 됩니다. 교복 차림의 아이들, 군복을 입은 청년들도 마찬가지입니다. 특히 같은 이름을 가진 아이들일 경우에는 학년과 반, 번호가 아이들을 구분해 내는 도구 역할을 합니다. 교도소의 죄수들 역시 숫자가 대신하고 있습니다.

같은 모양의 제품은 일련번호의 태그로 구분이 가능한데, 그래서 사람보다 자신의 이름을 말할 수 없는 물건에 이름표가 더 중요하게 여겨집니다. 특히 파이프와 코일을 각국에 수출하는 K제강에게는 더욱 그렇습니다.

　K제강 제품 태그에는 굵기, 크기, 무게, 생산 일자 등이 담겨 있습니다. 동일한 것은 단 한 개도 없습니다. 나라마다 모양도 각양각색입니다. 별것도 아닌 숫자로 생각해서 잘못 붙이다가는 홍길동인 이름을 박문수로 바꾸는 것과 같은 큰 실수를 저지르게 됩니다. 숫자 하나로 노란색 바탕에 검은색으로 써야 하는 주문 번호가 빨간색 바탕에 파란색으로 둔갑하기도 하는 것입니다.

　숫자 하나를 대수롭지 않게 생각하다가는 큰 코를 다치는 정도가 아니라 회사가 휘청거리게 되는 지경까지 이르게 됩니다.

　K제강은 얼마 전 수입국 사양과 다른 꼬리표 때문에 제품 수만 톤이 반품 위기에 몰린 경험을 했습니다. 얼마간 손해를 보고 간신히 해결했지만 모두가 아찔한 순간이었습니다. 손바닥보다 작은 것이

기업의 운명을 좌우하기도 합니다.

태그 제작 업체 선정에 새롭게 나선 K제강은 신중하고 또 신중해졌습니다. 단순히 디자인만 깔끔하게 잘한다고 되는 일이 아니었기 때문입니다.

결국 동일인쇄와 영남인쇄 두 곳으로 압축된 업체 선정.

동일인쇄 김태식 사장은 훤칠한 키의 세련된 미남입니다. 차는 중형차를 몰고 있습니다. 회사 규모도 영남인쇄보다 두 배나 큽니다. K제강에 점심도 크게 한턱 냈습니다. 반면 영남인쇄 박현철 사장은 차분하지만 깐깐합니다. 옷차림도 구두쇠처럼 항상 같은 옷입니다. 그가 몰고 다니는 차 역시 10년은 넘었음직한 구형 중고차입니다.

K제강의 회의실에서는 업체 선정을 위해 몇 시간째 회의 중입니다. 실무진에서는 두 업체에 관한 자료를 정리해 이기식 사장에게 보고하고 있습니다. 가격 경쟁력과 거래선까지 확인하면서 꼼꼼하게 짚어보고 있는 중입니다.

구매팀의 홍종태 과장은 가격도 저렴하고 원하는 주문을 시원스럽게 받아주는 동일인쇄를 추천합니다. 실무자의 의견을 존중하던 사장은 마지막으로 인쇄소 사장과 면담을 요구했습니다.

다음날 아침 동일인쇄 사장이 도착했습니다. 홍 과장의 소개로 인사를 나누게 된 김태식 사장은 인간적인 매력이 느껴지는 사람이었습니다. 악수를 청한 후 김 사장의 명함을 건네받은 K제강 이기식 사장은 명함을 꺼내기 위해 명함 지갑을 찾았지만 손에 잡히지 않았습니다. 차에 두고 온 일이 문득 생각나 잠시 양해를 구하고 자리를 비웠습니다.

주차장으로 명함 지갑을 찾으러 간 이 사장은 멋진 김 사장의 중형 차를 보게 됐습니다. TV에서도 마치 사회적인 능력과 지위를 보여 주기 위해 '이 정도'의 차는 몰아야 된다며 광고를 했던 차였습니다.

잠시 후 사장실에 돌아온 이 사장은 김 사장에게 인사말을 건넵니다.

"기다리게 해서 죄송합니다. 그런데 차가 굉장히 멋집니다."

"죄송합니다. 어쩌다 외제차를 갖고 다니게 됐습니다."

"하하하, 죄송할 것까지 있나요. 많이 벌었으니 그만큼 누려야죠. 외제차에 대한 국민적인 반감은 있지만 세계화 시대에 맞지 않다고 생각합니다."

"감사합니다. 언제 시원한 드라이브로 한번 모시겠습니다."

차에 대한 이야기로 시작된 K제강 이 사장과 동일인쇄 김 사장의 대화는 시원스럽게 잘 마무리된 것 같았습니다.

오후가 되자 영남인쇄 박 사장이 방문을 했습니다. 그런데 이번에

딱 한번 더 소리쳐 봐요

도 이 사장은 홍 과장에게 소개를 받자마자 명함 지갑을 놓고 왔다며 잠시 자리를 비우는 것이었습니다.

얼마 후 사장실로 들어온 이 사장은 명함을 꺼내면서 정식으로 인사를 나눴습니다.

"기다리게 해서 죄송합니다. 그런데 차가 오래됐네요."

"네. 자린고비라는 인상을 심어주는 건 아닌지 모르겠습니다."

"별말씀을요."

그렇게 차 이야기로 시작된 대화는 끝났습니다.

업체 선정을 위한 면담이 있은 지 며칠 뒤 K제강의 이 사장은 태그 인쇄를 영남인쇄에 맡기도록 지시했습니다. 지시를 받은 홍 과장은 사장에게 그 기준에 대해 물어봤지만, 구체적인 대답은 없었습니다. 단지 '그 이유'는 나중에 알게 될 것이라는 답변뿐이었습니다.

한 달 뒤 깜짝 놀랄 일이 벌어졌습니다. 멋진 외제차를 몰고 다니던 김 사장의 동일인쇄가 부도가 난 것이었습니다. 홍 과장은 동일인쇄와 계약을 했더라면 업무에 큰 차질이 생길 뻔했다며 가슴을 쓸어내렸습니다. 동일인쇄의 부도 소식을 알리기 위해 사장실로 달려가 보고를 하자 이 사장 역시 안도의 표정을 지었습니다.

"그날 지갑을 차에 두고 온 게 정말 천만다행이군."

그 한 마디를 들은 홍 과장은 다시 되물었습니다.

"어떻게 그 회사가 어려울 거라고 판단하셨습니까?"

"그날 지갑 때문에 주차장에 갔던 것을 기억하는가?"

생각을 더듬던 홍 과장은 이 사장의 얼굴을 다시 바라보았습니다.

이 사장은 명함 지갑이 없어 주차장에 내려갔다가 멋지게 서 있는 김 사장의 차를 보게 됐다는 것입니다. 그런데 화려한 겉모습과는 달리 차 안의 물건들은 이리저리 어지럽게 널려 있었습니다. 겉보기와 달리 업무 진행이 엉성하고 깔끔하지 못할 것 같다는 생각이 들었다는 것입니다.

"그래서 오후에 영남인쇄 박 사장의 차도 살펴보러 가신 거군요."

다시 주차장에 내려가서 살펴 본 박 사장의 차는 비록 낡았지만 차 안은 깔끔했다고 합니다. 숫자가 하나라도 틀리면 안 되는 태그 제작이기 때문에 자칫 실수를 했다가는 또 같은 클레임에 걸려 곤욕을 치를 수 있겠다는 생각에 이 사장은 영남인쇄의 박 사장과 계약을 해야겠다는 결심을 하게 됐습니다.

홍 과장은 겉으로 보이는 능력과 실력은 큰 차이가 있다는 것을 이번 일을 통해 깨닫게 됐습니다.

마케팅에도 이미지 마케팅이라는 것이 있습니다. 상품에 대한 구체적인 내용 전달보다는 그 상품의 이미지를 파는 것입니다. 사람 역시 마찬가지입니다. 첫인상으로 사람을 판단하는 경우가 많이 있습니다. 하지만 사람은 겪어봐야 아는 것이죠. 특히 평소의 생활 습관이 그 사람의 모든 것을 보여준다는 것은 절대 진리가 아닐까요. 진실한 모습은 그 사람이 무방비 상태일 때 보인 바로 그 모습입니다.

2

두터운 벽에 대고
딱 한번 소리쳐 봐요

안홍빈 씨는 중학교 2학년 때 아버지와 하찮은 일로 감정이 상했습니다. 당시 방에서 중간고사 공부를 하고 있었고 아버지는 거실에서 야구 중계를 보고 있었습니다. 시험이 코앞으로 다가와 집중해서 공부를 해야 하지만 사실 소리로나마 야구 중계를 감상하고 싶은 마음 또한 없지 않았습니다. 그러던 중 갑자기 거실에서 "와~" 하는 함성소리가 들렸습니다. 궁금했던 홍빈은 부리나케 거실로 튀어나왔습니다. 그러다 바닥에 있던 물컵을 그만 발로 차고 말았습니다. 물컵은 누워서 TV를 보던 아버지의 머리에 "쿵" 하고 부딪쳤고 갑작스러운 충격에 화가 난 아버지는 몸을 일으키시더니 머리를 세차게 때렸습니다.

"녀석아! 잘 좀 보고 다녀야지. 눈 뒀다 어디다 쓰니! 넌 왜 매일 그

모양이냐. 내일모레면 고등학생 될 녀석이!”

물론 아파서 그랬겠지만 컵이 있을 것이라고 생각하지도 못했던지라 아버지로부터 한 대 얻어맞은 홍빈이의 당황스러운 마음은 어떻게 가늠 수 없었습니다.

며칠 후 시험이 끝난 토요일 오후, 홍빈이도 과자와 우유를 놓고 거실에서 TV를 보고 있었습니다. 토요일이면 몰아서 하는 재방송 프로그램을 재미있게 보고 있었던 것입니다. 그러다 잠시 화장실에 간 사이 회사에서 돌아오신 아버지는 갑자기 큰 목소리로 홍빈이를 찾았습니다. 급하게 화장실에서 나온 홍빈이에게 아버지는 화가 난 목소리로 말합니다.

“이놈아, 컵을 아무렇게나 바닥에 놓으면 어떻게 해! 빨리 우유 닦아. 왜 이리 변변치 못한 거냐!”

며칠 전과 같은 일이 벌어졌지만 잘못한 사람은 홍빈이 한 명이었습니다. 홍빈이는 기분이 묘하다 못해 점점 나빠지기 시작했습니다. 4년 후 대학생이 된 홍빈이는 아버지에게 그때의 이야기를 했습니다. 그런데 아버지는 그런 일이 있었는지 기억조차 못합니다. 홍빈이에게 큰 상처로 남은 기억이 아버지에게는 사소한 일이었던 것입니다. 기억조차 못하는 사소한 한마디, 행동 하나가 자신에게는 아버지에 대한 불신까지 가져오게 했는데도 말입니다.

“회사 그만두고 출판사 시작하려고요.”

오랜만에 고향을 찾은 홍빈은 환갑을 넘은 아버지에게 말합니다. 아버지가 반대하던 출판업을 드디어 시작한 것입니다.

“예전부터 글 쓰는 사람은 배고프다고 했다. 처자식 생각도 해야지. 그리고 얘기도 안 하고 넌 네 마음대로냐….”

아버지는 의외로 타이르듯이 만류합니다.

“이제 저도 서른입니다. 제 인생 제가 정해서 갑니다.”

이미 마음을 굳힌 홍빈은 아버지의 반대에도 자신의 주장을 굽히지 않습니다.

“자식 놈 키워 봤자 소용없다더니. 네 마음대로 해라. 아비한테 손 벌릴 생각은 말고!”

거기까지 말한 아버지는 휑하니 밖으로 나갔습니다. 옆에서 어머니도 한마디 합니다.

“네가 이해해라. 원래 아버지 성격이 불같지 않니. 그래도 너희 공부 가르치느라 젊어서 고생 많이 하셨다.”

중간에 선 어머니는 아버지도 두둔하고 아들도 위로합니다. 그런 일이 있은 후 몇 달 뒤 어머니에게 전화가 왔습니다.

“고생 많지? 책은 언제쯤 나오는 거냐?”

“6월 3일쯤 나올 것 같아요.”

딱 한번 더 소리쳐 봐요

홍빈은 간단하게 대답했습니다.

"그래, 열심히 하고 꼭 성공해라. 난 우리 아들이 꼭 성공할 거라고 믿어."

어머니의 사랑이 느껴지는 순간입니다. 어머니의 기대 때문에라도 반드시 성공하겠다고 홍빈은 다짐합니다.

드디어 6월 3일이 됐고 첫 번째 작품이 인쇄를 마치고 제본까지 마무리돼 창고로 들어왔습니다. 이제 내일이면 본격적으로 서점에 배포하고 독자의 평가를 받을 시간입니다. 홍빈은 숨을 한 번 크게 들이마십니다. 순간 핸드폰 벨이 울립니다. 아버지입니다.

"너, 오늘 책 나온다고 했는데 나왔냐?"

"네…."

"여기 서점인데 책 이름이 뭐냐?"

홍빈은 아버지의 갑작스러운 질문에 잠시 당황합니다. 그러다 차분히 설명합니다.

"당연히 없죠. 오늘 인쇄된 책이 창고로 들어온 거구요. 내일부터 서점에 배포할 거예요. 그 동네까지 가려면 앞으로 며칠 더 걸려요."

"그러냐. 알았다. 들어가라."

아버지는 세 마디만 남긴 채 무뚝뚝하게 전화를 끊었습니다. 끊어진 전화기를 귀에서 떼는 순간 홍빈은 가슴이 뭉클해짐을 느낍니다.

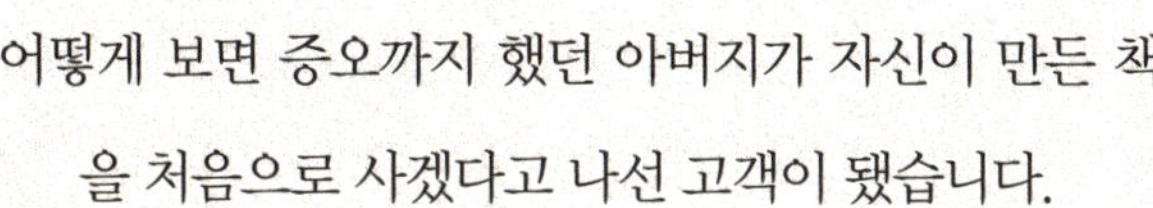

어떻게 보면 증오까지 했던 아버지가 자신이 만든 책을 처음으로 사겠다고 나선 고객이 됐습니다.

아버지는 오늘의 전화도 또다시 잊을지 모릅니다. 하지만 홍빈의 가슴속에는 영원히 남을 것 같습니다.

공부는 뒷전인 채 춤에 빠진 아들을 놓고 매일 꾸짖던 아버지가 있었습니다. 자신의 길을 따라오길 바라던 가부장적인 아버지는 아들과 결별을 했습니다. 그런데 그 아들의 첫 공연 맨 앞자리를 채워준 사람은 바로 아버지였습니다. 아들은 아버지의 그 딱 한 번의 관람이 평생 큰 힘이 됐다고 합니다.

내 아이가 부모인 당신이 원하는 것과 다른 길로 가더라도, 딱 한 번 정말 중요한 순간 그 아이를 위해 응원해 주세요. 평생 큰 힘이 될 것입니다.

3

인내는 단 한 박자 늦추는 것

엄마는 초등학교 3학년인 아들이 너무 사랑스럽습니다. 하지만 주위가 산만해 걱정입니다. 다른 생각에 빠져 물건을 자주 잃어버리기 때문입니다.

잃어버린 신발주머니만도 열 개가 넘습니다. 신발주머니를 집에 두고 가기도 일쑤여서 학교까지 가져다준 일이 한두 번이 아닙니다.

그 정도이니 학교에서 제대로 공부를 할 수 있을지도 물론 걱정입니다. 어쩔 때는 화가 나기도 합니다. 그래서 독한 마음으로 버릇 고치기에 나서보지만 성과가 없습니다. 너무 화가 나서 남편에게 의논을 하면 "남자애들 다 그렇지. 너무 심하게 나무라지 말아요."라며 건성으로 대답합니다.

그렇게 참고 참다 여름 방학식 날 사건이 터졌습니다. 몇 주째 깜박하고 가져가지 않은 미술 숙제 때문이었습니다. 다행히 방학식 날까지 낼 수 있도록 기간도 연장돼 꼭 들고 가도록 챙겨 주었습니다. 그런데 방학식을 마치고 온 아들 가방에 숙제가 그대로 있는 것입니다.

"성민아, 숙제 왜 안 냈니?"

"맞다. 깜박했어요."

기가 막혀 말이 안 나오고 화가 났습니다. 하지만 화가 난 가슴을 누르고 차분히 말했습니다. 다시 학교에 가져가고 만약 미술 선생님이 안 계시면 자리에라도 놓고 오라고 말입니다. 얼마 후 학교에 뛰어갔던 아이는 손에 다시 미술 숙제를 들고 집으로 들어왔습니다. 선생님이 안 계셔서 다시 가지고 왔다는 것입니다. 그래서 다른 선생님께라도 미술 선생님 자리가 어디인지 여쭤 보고 자리에라도 놓고 오라고 다시 학교로 보냈습니다.

마치 부모의 인내심을 시험하려는 것 같은 모습에 아이를 다그쳐 보냈습니다. 아이가 사라진 현관을 보며 기도를 했습니다.

'이번에는 제발 선생님께 잘 내고 오기를….'

뒤를 따라가 볼까도 생각했지만 방학식 날 그것도 교무실로 가야 한다는 사실이 마음을 무겁게 했습니다. 그런데 잠시 후 또다시 아들은 오른손에 그림을 들고 나타나는 게 아니겠습니까.

"내고 오랬더니 다시 가져오면 어떻게 하니!"

엄마는 자신도 모르게 큰소리를 질렀고 아이는 깜짝 놀라 두 눈을 크게 뜬 채 엄마를 바라봅니다.

"도대체 왜 엄마 말을 안 듣니!"

아이는 아무 말이 없습니다. 엄마는 화가 나는 속을 삭히면서 진정한 후 다시 웃는 얼굴로 말했습니다.

"영철아, 다시 가서 선생님께 드리고 와, 응?"

엄마의 웃는 얼굴을 본 아이는 그제서야 의아한 듯 입을 엽니다.

"그런데, 엄마는 왜 자꾸 가라고 해? 선생님께 보여드리고 왔단 말이야. 잘했다고 칭찬도 받고 반, 번호, 이름 적은 다음 다시 가져가라고 하셔서 들고 왔어."

순간 엄마는 가슴이 철렁했습니다. 엄마는 아이를 꼭 끌어안고 미안하다는 말만 되풀이했습니다.

칼은 꺼냈어도 다시 넣을 수 있습니다. 하지만 쏜 화살은 그렇지 못합니다. 화도 마찬가지일 겁니다. 때로는 아이 때문에 화가 납니다. 그러나 잘못 쏜 화살이 지울 수 없는 큰 상처를 남길 수 있습니다.

결국 인내는 '딱' 한 박자 늦추는 것일 수 있습니다. 길어야 1분, 아니 30초만 모든 걸 쓸어버릴 쓰나미 같은 감정을 가라앉히고 참으면 상대방을 이해할 수 있습니다. 창문을 열어 신선한 공기를 호흡한 후 차가운 물 한잔 들이켜 보세요.

상대방이 처한 환경을 눈으로 보지 않고, 귀로 듣지 않고 모두 이해한다는 것은 어려운 일입니다.

4

기회는
소나기처럼

동명건설 김형석 대리는 일류 대학 출신으로 키도 크고 외모도 빼어납니다. 여직원들 사이에서는 팬클럽도 있을 정도로 사무실에서 인기가 하늘을 찌릅니다.

한편 입사 동기인 정홍철 대리는 그저 평범합니다. 명문 대학을 나온 것도 아니고 인물 역시 평범하고 착하게 생겼습니다. 성격도 조용해서 어쩔 때는 있는지, 없는지 모르는 사람이기도 합니다. 며칠 휴가로 자리를 비워도 중요한 업무를 맡고 있는 것이 아니면 그에 대한 빈자리를 느끼는 사람들은 거의 없습니다. 특히 여성들에게 그렇습니다.

동명건설에는 최고의 미인도 있습니다. 미인 여사원 최서경. 백색의 동그란 이마에 쌍꺼풀 있는 귀여운 눈, 크지 않은 얼굴에 알맞게

잡힌 코와 붉은 입술은 뭇 남성의 마음을 한껏 끌어당깁니다. 어떤 남자도 거부하기 어려운 매력을 발산하고 있습니다.

입사 동기인 김 대리와 정 대리뿐만 아니라 모든 남자 직원들은 최 서경의 움직임에 민감합니다. 마치 공동의 관심사인 양 그녀에 대해 이야기하는 것을 당연하게 여깁니다. 심지어 최서경을 보기 위해 회사에 출근한다며 드러내놓고 말하는 사원도 있습니다.

정 대리 역시 마찬가지입니다.

"저기 서경 씨 간다. 너무 예쁘지 않냐? 우리 회사에 다니긴 좀 아깝지?"

"그렇긴 하지. 그런데 너 서경 씨 좋아하냐?"

김 대리의 물음에 정 대리는 감추지 않고 속을 보여줍니다.

"그럼, 서경 씨 볼 때마다 나는 행복하다."

"하하하. 그래, 잘 해봐. 필요하면 내가 도와줄게."

김 대리는 웃으면서 용기를 북돋아 줍니다. 하지만 한편으로는 자신만큼 최고의 여사원과 어울리는 사람은 없을 것이라는 우월감도 있습니다. 가진 자의 여유를 보여줍니다.

"에이, 나 같은 놈하고는 상대가 안 되지. 나도 내 주제를 알아."

정 대리 역시 알고 있습니다. 어디서든 빛이 나는 그녀와 존재감도 없는 자신과는 어울릴 수 없다는 것을 말입니다. 그렇다고 사랑도 느낄 수 없는 것은 아니기 때문에 마음껏 속으로 사랑하고 있을 뿐입니다.

아침 출근 시간. 정 대리가 늦지 않기 위해 엘리베이터에 올라탄 후 문이 반쯤 닫혔을 때 누군가 급하게 열림 버튼을 눌렀습니다. 문이 다시 열렸을 때 보이는 얼굴은 바로 최서경이었습니다. 서경은 예쁘게 웃으며 엘리베이터 안으로 들어섰습니다. 문이 닫히자 한 평도 안 되는 공간 안에 둘만 존재한다는 것에 정 대리의 심장은 마구마구 뛰었습니다. 이대로 시간이 멈췄으면 하는 생각만 들었습니다.

사무실이 있는 12층에서 문이 열리자 정 대리는 몸이 무거워 앞으로 쓰러질 것만 같았습니다. 하루 종일 일도 제대로 손에 잡히지 않았습니다.

점심시간이 거의 다 끝날 무렵 화장실에 가던 중 양치질을 하고 나오는 회사 여직원 한 무리와 마주쳤습니다. 물론 그 안에는 최서경도 끼여 있었습니다. 그런데 최서경의 가방에서 여성용 위생용품이 그만 뒤쪽으로 '툭' 떨어지고 말았습니다. 마침 점심 식사를 끝

내고 회사로 들어오는 한 무리의 남자 직원들이 엘리베이터에서 몰려나오고 있었습니다. 그 안에는 서경도 은근히 마음에 두고 있던 김 대리의 목소리도 함께 들어 있었습니다. 서경은 깜짝 놀라며 어쩔 줄 몰라 당황하고 있었습니다.

"야, 정 대리. 칠칠치 못하게 옷은 왜 떨어뜨리냐?"

그런데 그녀 바로 뒤까지 온 김 대리의 말은 뜻밖이었습니다. 깜짝 놀란 서경은 뒤를 돌아봅니다. 자신의 위생용품이 보이지 않고 양복 윗도리가 복도에 떨어져 있었습니다. 그리고 키 작고 순박하게 생긴 정 대리가 멋쩍게 웃고 있었습니다.

정 대리가 양복 윗도리를 다시 챙겨 간 자리에 남은 것은 아무것도 없었습니다. 최서경이 떨어뜨린 여성 위생용품이 바닥에 떨어지자 정 대리 역시 당황했습니다. 하지만, 엘리베이터에서 몰려나오는 회사 직원들의 모습을 보고 어쩔 줄 모르는 서경 씨를 보자 자신도 모르게 양복 던질 생각을 하게 됐습니다.

양복 윗도리를 줍는 척 위생용품도 함께 거뒀지만 정 대리로서는 다시 돌려줄 엄두도 나지 않았고 그렇다고 말을 걸 용기도 없었습니다. 그저 겸연쩍게 웃을 뿐이었습니다. 눈이 마주친 최서경은 빨개진 얼굴을 한 채 종종걸음으로 사라졌습니다.

'잘한 걸까? 못한 걸까?'

최서경의 행동을 보고 정 대리는 괜한 일을 한 것인지 오히려 불안해졌습니다.

며칠 뒤 서경에게 문자가 왔습니다.

"그때 갖다 버린 게 얼마나 비싼 건지 알아요? 오늘 저녁 사세요!"

정 대리는 여성용 위생용품을 한 번도 사 본 일이 없어 그 물건이 저녁을 사야 할 만큼 비싼 것인지 알 수가 없었습니다. 하지만 최서경과 저녁을 단둘이서 먹을 수 있는 기회가 왔다는 것만으로 행복했습니다.

정 대리는 그날 점심 사건 이후 여직원 사이에서 자신이 '멋진 남자'로 통한다는 기분 좋은 소식을 서경에게 들었습니다. 그 말을 하는 서경의 눈빛도 예사롭지 않았습니다.

짧은 순간 불현듯 다가온 작은 기회가 큰일을 이루게 할 수 있습니다. 그 짧은 순간의 선택이 평생을 좌우하기도 합니다. 특히 누군가에게 도움이 필요한 순간이 왔을 때 너무 짧은 순간이라 기회인지조차 깨닫지 못하고 지나치기도 합니다. 그래서 정신을 차리고 있어야 합니다. 방에서 잠자고 있으면 소나기가 언제 지나갔는지 알 수 없습니다.

5

사랑한다면,
10초만 더 기다려 보세요

"야, 친구 좋다는 게 뭐냐. 한 번 도와줘!"

영석은 친구인 수남에게 도움을 청했습니다. 효경을 좋아하면서도 그 마음을 제대로 표현 못해 기회를 만들고 싶었기 때문입니다. 좋아하면서도 효경의 앞에만 서면 입은 굳어버리고 좋은 이야깃거리를 생각했던 머릿속은 하얀 백지처럼 돼 왜 그리도 아무 생각이 나지 않는지…. 그녀와 가까워질 기회를 생각해 낸 고육지책이 놀이공원에 가는 것이었습니다.

야외에서 웃고 즐기면 어색한 관계가 좀 더 자연스러워질 거라는 생각이었습니다. 하지만 단둘이 가기는 오히려 부담스러워 절친한 친구 수남에게 도움을 요청했습니다. 차를 갖고 있는 수남에게 운전 수 겸 사랑의 큐피트 역할을 부탁했습니다.

수남은 자신은 짝도 없는 채 친구의 데이트에 껴든다는 것이 썩 내키지는 않았지만 큰맘 먹고 친구를 돕기로 했습니다. 오랜만에 도시를 벗어나 맑은 공기를 느껴보는 것도 괜찮을 것 같았습니다.

차를 몰고 영석의 집 앞으로 갔습니다.

수남의 차에 올라타려던 영석은 조수석에 있는 짐을 발견하고는 뒷 트렁크에 옮겨주려고 했습니다. 그러자 수남은 영석을 뒷자리에 가서 앉으라며 짐 치울 생각을 하지 않는 것입니다. 잠시 수남과 눈이 마주친 영석은 그 의미를 알겠다며 뒷자리에 가서 앉았습니다.

"자식, 은근히 센스 있는데…."

기분 좋게 뒷자리에 올라 탄 영석은 약속 장소에서 효경을 태우고 놀이공원으로 갔습니다.

여름이 시작되는 놀이공원에는 유쾌한 표정을 한 사람들로 가득했습니다. 가족은 물론이고 연인끼리 데이트를 즐기는 모습이 눈에 더더욱 잘 띄었습니다. 하지만 영석과 효경 사이에서는 오히려 어색한 침묵이 흘렀습니다. 친구들 사이에서도 말이 없는 영석이 아니었는데 그날따라 대화를 이끌어가지 못하고 있었습니다.

하지만 시간이 지나면서 회전목마는 물론이고, 청룡열차와 같은 놀이기구를 타면서 어색했던 분위기는 급속도로 좋아졌습니다. 놀이공원의 문을 닫는 시간이 다가오자 수남은 앞좌석에 있던 짐을 핑계로 먼저 자리를 뜨려 했습니다. 하지만 효경 역시 집에 일찍 가야 한다면서 영석과 단둘이 남는 것을 부담스러워하는 눈치였습니다.

어쩔 수 없이 집 앞까지 데려다주게 된 두 사람.

효경의 집은 큰길에서 조금 들어가는 골목길이라고 합니다. 인사를 하며 내리는 효경의 뒷모습을 보는 영석의 표정이 그리 좋지는 않습니다. 효경과의 관계를 급속도로 발전시켜 다정한 관계로 이어질 줄 알았던 오늘의 계획이, 뜻대로 되지 않았기 때문입니다.

"이제 가자."

효경이 걸어가는 것을 보고 마치 큰 짐을 내려놓은 것처럼 영석이 말합니다.

"잠깐만 인마, 네 애인 집에 들어가는 거 보고."

골목이 어두워 수남은 다소 걱정이 됐습니다. 몇 초 기다렸다 효경이 집 안으로 들어가는 걸 보고 출발해도 집에 도착하는 시간은 크게 차이가 없을 것 같았습니다. 그런데 잠깐 뒤를 돌아본 효경은 그때까지 차가 서 있는 것을 보고 깜짝 놀라는 눈치입니다. 그리고 순간 창문으로 수남과 눈이 마주칩니다. 수남은 어색한 동작으로 어서

딱 한번 더 소리쳐 봐요

들어가라는 손짓을 합니다. 효경은 가볍게 웃으며 눈인사를 한 뒤 집으로 들어갑니다. 하지만 이때 영석은 창문 밖만 바라보고 있습니다. 수남은 그제서야 차를 돌렸습니다.

"바보 같은 자식. 그렇게 말을 못해서 어떻게 하냐?"

"글쎄 말이다…."

"저녁은 네가 사야지?"

"알았다."

놀이공원 작전에도 불구하고 둘의 관계는 진전이 없어 보였고 영석은 다음 해 봄 미국으로 유학을 떠납니다. 친구가 유학을 떠난 후 얼마 되지 않아 수남은 전화 한 통을 받았습니다.

"안녕하세요. 저 효경인데요. 놀이공원에 같이 갔던…. 정말 고마웠어요."

"아뇨. 별말씀을요. 그 친구와 잘 됐으면 더 좋았을 텐데요."

"인연은 마음대로 안 되는 건가봐요. 그때 고생했던 보답으로 제가 저녁 한 번 살까 하는데요."

그렇게 수남은 그녀와 약속을 했습니다. 영석이가 얼마나 좋은 녀석인지 효경이가 알지 못하는 면을 알려 주기 위해서입니다. 수남은 효경과 만나기로 한 사실도 알리고 그녀에게 전하고 싶은 말이 있는지 묻기 위해서 영석에게 이메일을 보냈습니다.

며칠 후 영석의 답 메일을 받은 수남은 효경과의 약속을 부랴부랴
취소했습니다.

영석의 메일 속에는 놀이공원에 간 날 효경이 집에 들어갈 때까지
잠깐의 시간이지만 기다려 준 수남의 마음 씀씀이에 끌린 것 같다는
내용이 들어 있었습니다. 한동안 영석이 연락을 안 한 이유를 알 것
같았습니다. 하지만 먼발치에서나마 효경을 보고 싶은 마음에 잘 됐
으면 한다는 내용도 덧붙여 있었습니다.

수남은 친구에게 짧게 답 메일을 보냈습니다.

"친구야, 걱정 말아라."

상대방이 사라질 때까지 잠시 기다려 준, 그 짧은 시간이
큰 변화를 만듭니다. 사람은 대단하고 위대한 것에 마음이
흔들리기보다는 세심한 배려에 더 감동한다고나 할까요.
친구가 버스에 올랐을 때, 여자친구가 집에 들어갈 때, 집
을 방문했던 손님이 돌아갈 때 그들의 모습이 사라지는 순
간까지만 가만히 지켜봐 주세요. 세상이 지금보다 더 따뜻
하고 감동적으로 다가올 것입니다.

6

절망에 빠져
아무 말도 하지 않는다면

정치는 도박이라고 합니다. 권력이 손에 들어오면 천하가 내 것이지만 손에서 빠져나가면 늙을 때까지 밥벌이도 못하는 한량이 되기 십상입니다. 그런 면에서 강태공은 양 극단을 보여준 대표적인 인물입니다.

그는 인생 말년에 주나라 왕을 도와 천하를 도모하고 재상이 됩니다. 그러나 그 전에는 때를 기다리며 세월을 낚는 사람이었습니다. 먹고사는 문제는 당연히 아내의 몫이었습니다.

어느 날 아내가 밖에 나가면서 강태공에게 일렀습니다.

"혹시 비가 오면 앞마당에 널어놓은 산나물 좀 거둬 주세요."

나물은 소득이란 하나도 없는 강태공 부부의 공짜 반찬거리였습니다. 그는 부인의 신신당부에 건성으로 대답했습니다. 그의 머릿속에는 천하가 끝없이 움직이기에 산나물이 들어갈 자리가 없었습니다. 그날따라 비가 많이 쏟아져 내렸지만 강태공은 부탁을 잊고 책만 보고 있었습니다. 집에 돌아온 아내는 기가 막혔습니다. 입에 풀칠하기도 어려운데 그 귀한 나물이 마당에 쓰레기처럼 떠다니며 먹지 못하게 됐기 때문입니다.

속상한 부인은 강태공을 쫓아냈습니다. 동네 아낙들도 잘했다고 맞장구를 쳤습니다.

사실 부인은 그가 영원히 떠나기를 바란 것은 아닙니다. 책을 읽으며 때를 기다리는 것도 좋지만 가장으로서 최소한의 도리를 해 주길 바랐던 것입니다. 그녀에게는 기약 없는 출세보다 남들처럼 소박하게 살아가는 것이 더 소중하게 느껴졌습니다. 그래서 부인은 강태공이 정신을 차리고 돌아오기를 기다렸습니다.

한편 부인에게 쫓겨난 강태공은 마땅히 갈 곳도 없습니다. 집 근처 강가에서 소일거리로 낚시를 합니다. 그 역시 부인의 하소연을 전혀 이해 못하는 것은 아닙니다. 그러나 꿈을 위해서는 포기해야 할 것들이 있습니다.

겉보기에는 느긋한 낚시꾼으로 보이겠지만 사실 그의 속은 까맣게 타들어가고 있었습니다. 자신의 꿈을 펼쳐 보기도 전에 늙어 죽을 수도 있기 때문입니다. 그러나 큰일을 위해서는 때를 기다리며 참고 또 참아야 한다는 것도 알고 있습니다.

그러던 강태공에게 기회가 왔습니다. 야망이 컸던 주나라 서백(주나라 문왕이 됨)이 숨은 인재를 백방으로 찾다가 강태공에 대한 이야기를 듣게 됩니다. 서백은 낚시를 드리운 채 꾸벅꾸벅 졸고 있는 강태공을 직접 만나 학식과 성품이 범상치 않음을 느껴 강태공을 등용했고 천하를 도모하게 됩니다.

천하를 도모하는 데 성공한 강태공은 나중에 고향에 잠시 들릅니다. 그리고 돌아가는 길 위에서 자신을 쫓아냈던 아내가 무릎 꿇는 모습을 봅니다. 눈물을 흘리며 빌고 또 비는 자신의 아내. 얼떨결에 남편을 쫓아냈지만 아내 역시 마음이 편하지는 않았을 것입니다. 하지만 그렇게 쫓아냈던 남편이 천하를 다스리는 재상이 됐다고 하니, 부부의 연이 끊어지지 않은 이상 매정하게 자신을 뿌리치지는 않을 것이라고 생각했을 것입니다. 어쨌든 세월을 낚는 동안 강태공을 먹여 살린 것은 그의 아내였으니까요.

눈물로 엎드려 빌고 있는 아내를 바라보던 강태공은 물끄러미 바라보다가 물 한 그릇을 떠오라고 합니다. 아내는 마실 물을 달라고 하는 줄 알고 정성스럽게 물을 준비합니다. 그런데 강태공은 아내가 물을 떠오자 매몰차게 바닥에 쏟아 버리고 말합니다.

"자, 엎질러진 물을 다시 그릇에 담아 보시오."

아내는 의아해 하며 말했습니다.

"이미 쏟아버린 물을 어찌 다시 그릇에 담을 수 있겠습니까…."

그러자 강태공은 기다렸다는 듯 다음과 같이 말합니다.

"그렇소. 그대와 나는 이 엎질러진 물처럼 다시 담을 수 없는 관계가 됐소. 그러니 그만 돌아가시오."

강태공은 '엎질러진 물'이라는 비유가 역사에 남을 것이라 직감을 하며 돌아서 갑니다.

그런데 아내는 그를 그냥 보내지 않고 불러 세웁니다. 그러면서 말합니다.

"물은 엎질러졌으나 그릇은 아직 성합니다. 물은 다시 떠오면 될 줄 아옵니다."

아내의 말을 들은 강태공은 주춤하며 멈춰 섰고 그의 머리에는 아내가 평생 고생했던 모습이 주마등처럼 스칩니다.

"따라오시오. 주나라 수도로 갈 것이오."

숨을 죽이고 지켜보던 주변 사람들이 환호와 함께 강태공과 그의 아내에게 박수를 보냅니다.

강태공의 이야기는 원래 '엎질러진 물'에서 끝납니다. 하지만 만일 부인이 한 번 더 생각하고 강태공에게 간청했다면 어떠했을까요. 평생 때를 기다리는 사람을 옆에서 봐 온 것처럼, 그때에 맞는 말을 할 수 있는 기지, 그리고 그 기지를 발휘하는 한마디.

그만두고 싶을 때, 절망감에 빠져 아무 말도 하지 못하는 것이 아니라 상황을 긍정적으로 바꾸고 희망으로 나갈 수 있는 현명한 말 한마디가 필요합니다.

7

어려울 때
더 밝게 빛나는 우정

사춘기 소녀들의 감정 기복은 상당히 심합니다. 절친한 친구 사이면서도 별것도 아닌 일로 우정에 금이 가기도 합니다. 어쩔 때는 한없이 너그러운 마음으로 친구의 실수를 덮어 주기도 합니다.

수희와 영애는 단짝 친구입니다. 중학교 생활 3년 동안 같은 반이 돼 서로의 집에 숟가락이 몇 개인지, 젓가락이 몇 개인지 알 정도라고 할까요. 그러던 둘은 사소한 일로 서로의 감정이 다치게 됐습니다. 이번에는 상대방이 먼저 사과하기 전에는 얼굴도 보지 않을 기세입니다. 같은 동네에 살면서도 서로 마주치기 싫어 시간 차를 두고 등교합니다.

아침에 일찍 일어나는 습관이 있는 수희는 매번 기다려야 했던 영애를 이제는 더 이상 기다리지 않게 돼 너무나 홀가분하다고 생각합니다. 그날도 수희는 아침 일찍 등교해 교실 앞 문을 열고 자리에 가던 중이었습니다. 서너 명의 반 친구들만이 자리에 앉아 이것저것 이야기하고 있었습니다.

그런 모습을 보며 선생님 책상을 지나는 순간 가방에 무엇인가 '툭' 하고 걸리는 느낌이 들었습니다. 순간 '쨍그랑' 소리가 귀를 울립니다. 뒤를 본 수희는 선생님이 아끼는 꽃병이 깨져 있는 것을 보고 당황하고 말았습니다. 창가에 있던 꽃병에 누가 꽃을 꽂아 옮겨 놓았는지 싱싱한 꽃도 함께 교실 바닥에 널브러져 있었습니다.

깜짝 놀란 수희는 청소함으로 가서 빗자루를 가져왔고 일찍 와 있던 친구들도 함께 걱정하며 모여들었습니다.

"어머, 그거 선생님이 굉장히 아끼는 꽃병인데….”

"어떻게 하냐. 선생님이 반을 맡을 때마다 그 꽃병도 함께 가지고 다니셨는데….”

반 친구들 역시 선생님이 아끼는 꽃병인 줄 알고 있어서인지 걱정이 이만저만 아니었습니다. 친구들에게 그냥 모르는 척해 달라고 부탁을 하고 싶었지만, 눈물이 앞을 가려 아무 말도 못하고 있었습니다.

순간 교실 문을 열고 들어오는 낯익은 얼굴이 나타납니다. 요즘 말

도 제대로 붙이지 않고 서로 외면만 했던 영애입니다. 잠시 멈칫하던 영애는 교실에서 무슨 일이 일어났는지 금방 눈치를 챘습니다. 수희가 덜렁거린다는 것을 누구보다 잘 알고 있는 영애는 어처구니 없다는 웃음을 보이고 자리에 앉더니 이내 다시 일어나서 교실을 나갑니다.

"꽃병을 깼으면 선생님께 말을 해야지."

영애가 나가면서 내뱉은 한마디에 수희의 가슴에 걱정보다는 더 큰 배신감이 밀려듭니다.

"영애가 선생님한테 말하러 가나 봐…."

"설마…."

"친했던 사람이 돌아서면 더 무섭다니까."

영애가 내뱉은 말을 함께 들은 반 친구들은 오히려 더 수군거립니다. 그동안의 우정이 별것 아니었다는 자괴감에 수희 역시 얼굴이 더 빨개지고 말았습니다.

잠시 후 선생님이 교실 앞문을 열고 들어오십니다. 허겁지겁 교실로 들어온 선생님은 깨진 꽃병의 흔적을 안타깝게 바라봅니다. 그러더니 수희를 잠깐 밀치고 화난 목소리로 말씀하십니다.

"영애, 너. 반성문 다섯 장 쓰고, 일주일간 교실 청소다. 알겠니?"

딱 한번 더 소리쳐 봐요

“네.”

수희에게 야단을 칠 줄 알았던 선생님은 수희가 아닌 영애에게 반성문과 교실 청소 벌을 내리는 것이었습니다. 고자질했다고 영애가 야단을 맞는 것은 아닐 텐데, 수희는 의아했습니다. 곧이어 선생님은 수희를 바라보며 말씀하십니다.

“수희는 참 착하구나. 친구가 깨뜨린 것을 잘 치우고 있네. 단짝 친구가 역시 다르구나.”

불벼락이 내릴 줄 알았던 수희는 갑작스러운 선생님의 칭찬에 얼굴 표정을 어떻게 해야 할지 알 수 없었습니다. 잠시 후 선생님은 교실을 나가셨습니다.

둘 사이에는 잠시 어색한 침묵이 흘렀습니다.

“영애야, 어떻게 된 거야? 이 꽃병은 내가 깬 거잖아.”

수희가 먼저 입을 열었습니다.

“꽃병 깼다고 고자질하려고 했는데, 글쎄 내가 했다는 말이 나오지 뭐니.”

수희는 영애의 얼굴을 한참 동안 바라봅니다.

“영애야, 고마워.”

“아니야, 괜찮아. 우린 친구잖아.”

별것도 아닌 일로 감정 싸움의 기간이 길어지고 있을 때 영애는 수희의 실수를 보고 우정을 회복할 기회로 삼은 것이었습니다.

절친한 친구 두 명이 여행 중 갑자기 곰과 마주쳤습니다. 먼저 발견한 사람은 순간 혼자 살겠다고 나무 위로 올라갔고 뒤늦게 곰을 발견한 사람은 할 수 없이 누워 죽은 척했습니다. 곰이 다가와 누워 있는 이의 냄새를 맡다가 그냥 돌아갑니다. 나무에서 내려온 친구가 물었습니다.

"곰이 뭐라고 말했니?"

"너처럼 혼자만 살겠다고 도망가는 사람하고는 친구 하지 말라고 하더라."

이솝 이야기 중 하나입니다. 친구와 좋은 일을 함께 할 때는 우정의 깊이가 어느 정도인지 알 수 없습니다. 하지만 고난과 역경이 다가올 때 우정의 깊이를 확인할 수 있습니다. 친구와 나의 우정의 깊이는 어느 정도 일까요?

딱 한번 더 소리쳐 봐요

8

설렁탕 한 그릇이 가져온
위대한 변화

서울역 주변의 한 설렁탕집. 입구 옆에 놓인 큰솥에서 모락모락 올라오는 냄새는 지나가는 행인들의 입에서 군침이 돌게 합니다. 오후 3시, 점심 시간이 지났지만 설렁탕집 안에는 손님이 가득합니다. 단골손님이라기보다는 뜨내기손님이 많은 역전이지만 정성을 담은 사골국은 사람을 끌어모읍니다. 바로 임선섭 형제가 운영하는 '형제 설렁탕집' 입니다.

어느 날 초라한 행색의 한 남자가 설렁탕집에 들어섭니다. 얼굴은 야위었고 움츠린 어깨에서 형편이 좋지 않다는 것은 짐작할 수 있습니다. 그는 문 바로 옆에 자리 잡고 앉아서 설렁탕 한 그릇을 주문합니다. 며칠을 굶었는지 뜨거울 텐데도 반찬으로 나온 깍두기를 통째로 설렁탕 그릇에 부어 넣고는 급하게 설렁탕을 떠먹습니다. 하지만 거의 다 먹어가자 이제는 오히려 설렁탕을 먹는 속도가 느려졌습니다. 그러더니 문을 열고 쏜살같이 밖으로 도망을 나갑니다.

　가게 안의 손님들은 혀를 끌끌 차거나 ‘나쁜 놈’이라는 말을 몇 마디 던집니다. 하지만 오히려 주방에 있던 동생과 홀에서 음식을 나르던 형은 가벼운 웃음을 짓고는 아무렇지 않다는 듯 하던 일을 계속합니다. 마치 처음이 아니라는 듯, 그리고 별일도 아니라는 듯 말입니다. 행주를 내던지며 “재수 없다”는 말 한마디 정도는 할 만도 한데 아무 말도 하지 않습니다. 오히려 들어오는 손님에게 더 크게 인사를 하고 정성스럽게 대접을 합니다.

　그런데 잠시 후 경찰이 중년의 사나이를 끌고 들어옵니다. 방금 설렁탕을 먹은 후 급하게 나갔던 그 남자였습니다. 설렁탕집을 뛰어나간 그 남자는 그만 경찰과 부딪치고 말았고 남자의 행동을 수상하게 여긴 경찰이 ‘형제 설렁탕집’에 끌고 들어온 것입니다. 범인을 잡았으니, 이제 확인만 하면 된다는 행동이었습니다.

그런데, 홀에서 일을 하던 형의 한마디에 경찰은 머쓱해집니다.

“아니, 아저씨. 왜 그냥 나가셨어요? 수육 좀 싸 드린다니까. 선우야! 수육 포장 아직 안 됐냐?”

“어, 형. 잠깐만, 거의 다 됐어!”

동생은 형이 무슨 말을 하는지 알겠다는 듯 주방에서 큰소리로 대답합니다. 경찰과 중년 사나이의 눈은 동시에 커지고 경찰의 손에서는 힘이 빠집니다.

“경찰 아저씨. 이분은 저희 사촌 형님이세요. 요새 형편이 어려워 몰골이 말이 아닌데, 조카들 주라고 수육 좀 포장하니까 됐다고 하면서 그냥 나가더라구요.”

경찰은 그제야 모자를 벗으면서 중년의 남자에게 사과합니다. 함께 있던 중년의 사나이도 얼떨결에 같이 머리를 숙여 인사를 하고는 가게를 나가는 경찰의 뒷모습만 쳐다보고 서 있습니다. 홀에 있던 형은 모르는 척하며 주방의 동생에게 수육을 받아 중년의 사내에게 줍니다. 그러고는 말합니다.

“아저씨. 뭘 하시는지 모르겠지만 이것 드시고 힘내세요. 결코 좌절하거나 절망하지 마시고요.”

중년의 사내는 갑자기 벌어진 일이 당황스러운지 아무 말 없이 우두커니 서 있습니다. 곧이어 그의 두 눈에는 이슬이 맺혔고 꾸벅하는 인사와 함께 식당을 빠져나갑니다.

"형, '장발장'에 나오는 그 있잖아… 신부님. 그래, 신부님 같다. 연기 잘해서 배우 해도 되겠는데."

주방에서 들려오는 동생의 농담에 형은 웃음을 짓습니다.

이 형제가 이런 농담을 주고받을 수 있었던 데는 10년 전의 경험 때문이었습니다. 형제가 젊은 혈기로 시작한 사업이 부도가 나자 무작정 집을 도망쳐 나왔고 이후 그들의 삶은 기차역이나 공사장에서 빵 하나로 끼니를 해결하는 노숙자의 생활이었습니다. 하늘을 원망하느라 희망을 잡을 수조차 없었습니다.

그러던 어느 날 형제는 서울 변두리 시장 설렁탕집에서 피어나는 김을 하염없이 바라봅니다. 두 사람의 호주머니를 다 털어서 모은 돈이 단 돈 3천 원. 형은 무작정 동생을 끌고 그 설렁탕집으로 들어갔습니다. 오후 4시경 설렁탕집 안에는 손님이 없었습니다.

"밥 먹은 뒤 내가 신호를 보내면 바로 도망쳐."

형제는 식당 출입문에서 가장 가까운 곳에 앉아 호기 좋게 주문을 했습니다. 식당 주인은 나이 든 할머니였습니다.

"할머니, 여기 설렁탕 한 그릇에 공기 밥 두 개 주세요."

곧 있자 할머니는 보기에도 고기가 듬뿍 담긴 설렁탕 두 그릇을 형제 앞에 놓습니다.

"할머니, 저희 설렁탕 한 그릇에 공기 밥 두 개 시켰는데요."

"한 그릇은 서비스야. 그래야 나중에 또 오지."

잠시 멍해 있는 형제에게 할머니는 한마디 더합니다.

"내가 잠깐 파 좀 사 와야 하니까 밥 먹고 돈은 저 앞에 놓고 가."

형제는 할 말을 잃고 급하게 허기를 채웠습니다. 그러나 설렁탕 그릇을 다 비울 때까지 할머니는 돌아오지 않았습니다. 형제는 차마 그냥 갈 수 없어서 부엌에 들어가 설거지를 시작했습니다. 설거지를 다하도록 할머니가 돌아오지 않자 형제는 가게 안을 깨끗하게 정리하고 바닥 걸레질까지 했습니다. 한 그릇 값도 아니고 두 그릇의 설렁탕 값은 해야 할 것 같았기 때문입니다. 형제가 가게를 나설 때까지 할머니는 모습을 보이지 않아 "고맙습니다. 열심히 살겠습니다."라는 쪽지를 남기고 가게를 나왔습니다. 설렁탕과의 인연은 이렇게 시작됐습니다.

자신들이 경험했던 것처럼 따뜻한 설렁탕 한 그릇이 중년 남자의 삶에 희망을 주기를 형제는 소망합니다.

《감옥으로부터의 사색》이라는 책을 쓴 신영복 교수는 이런 말을 했습니다.

"그 자리에 땅을 파고 묻혀 죽고 싶을 정도의 침통한 슬픔에 함몰되어도, 참으로 신비로운 것은 그처럼 침통한 슬픔이 지극히 사소한 기쁨에 의해 위로가 된다는 사실이다."

나의 형편이 좋을 때는 주변에 사람들이 많이 있는 것 같지만 내가 좌절에 빠지게 되면 세상에 홀로 남겨진 것 같은 느낌을 갖게 됩니다. 이렇게 절망에 빠진 사람을 구하는 것은 누군가의 작은 애정입니다. 좌절을 느껴 무기력해진 사람에게 전해지는 따뜻한 밥 한 그릇은 한 사람의 실패를 극복하는 양약이 됩니다.

딱 한번 더 소리쳐 봐요

9

지금 이 순간이
마지막 시간일 때

마치 하늘 끝까지 손이 닿을 것

처럼 맑고 쾌청한 날. 잠실야구장에서 경기 중인 선수들은 9회 말

투 아웃까지 지켜보는 관중들의 마음은 알아 주지 않는 것 같았습니

다. 신나게 응원하며 스트레스를 날리고자 기다렸던 관중들은 일방

적인 경기가 영 마음에 들지 않았습니다. 물론 관중뿐만은 아닙니다.

9회말 투 아웃.

3루는 물론이고 1루까지 아무도 내보내지 못한 채 타석에 들어서

는 조성기 선수의 마음도 무겁기는 마찬가지입니다. 공 한번 통쾌하

게 치고, 달리고, 빠지는 것을 인생의 낙으로 살며 '야구 천재'라는

소리까지 들었는데, 어쩌다 이런 처지가 됐는지 한심하기 그지없었

습니다.

10대 1.

퍼펙트게임으로 끝나는 수모는 면하게 됐지만, 오십보백보입니다. 6연패를 기록 중인 데다가 팀 순위는 승률 3할로 꼴찌 자리를 굳건히 지키고 있으니 어깨에 힘이 들어갈 수가 없는 상황입니다.

더그아웃에서 2진은 이미 자리를 정리하기 시작했고, 선수들 역시 시합이 끝나기만을 기다리는 표정입니다. 이런 분위기는 7대 0으로 지고 있을 때부터 묻어왔습니다.

"성기야, 배고프다. 공 하나로 끝내자. 대충 알지?"

타석에 자리 잡고 서 있는 조 선수에게 상대 팀 포수가 말을 걸었지만 의례 하는 말일 거라 생각하고 무시했습니다.

"형, 나는 배가 안 고픈데."

조 선수는 간단히 대답하고 투수를 노려봤습니다. 포수는 열심히 사인을 보냈고 고개를 몇 번 설레설레 흔든 투수가 공을 던졌습니다. 초구는 스트라이크.

"성기야, 내가 뭐랬냐! 가운데로 들어온다고 했잖아. 공 하나로 끝내자니까!"

대학 선배인 상대 팀 포수는 마치 선심 쓰듯 타이르며 이야기합니다. 하지만 조 선수는 못 들은 척 다시 야구 방망이를 쥐어 올렸습니다.

두 번째 공은 바깥으로 빠지는 공.

"원 스트라이크, 원 볼!"

주심의 목소리도 별로 크지 않았습니다.

상대 팀 포수는 조 선수에게 원하는 공을 물어보기 시작했습니다. 그래도 한 번은 멋지게 치게 해 줄 요량으로 물어본 것이었지만 어차피 쳐내는 공이 어떤 공인 줄 알면 수비수가 잡아내는 것은 문제없는 일입니다.

"형, 너무한 거 아니야?"

"야, 야, 게임 끝난 거 아니냐. 미안하다. 배가 고파서 그래."

하지만 그렇게 약을 올린다고 해서 흔들릴 조 선수가 아니었습니다. 그가 야구 천재라는 소리를 들을 수 있었던 것은 몸은 제비처럼 재빠르게 움직이지만, 마음은 돌부처처럼 움직이지 않는 것이 좌우명이었기 때문입니다.

세 번째 공이 들어오는 순간 조 선수는 방망이를 힘껏 휘둘렀습니다. 하지만, 공은 유격수 쪽으로 힘없이 굴러가는 평범한 땅볼이었습니다. 천천히 굴러가는 공만큼 천천히 공을 잡으려는 유격수. 1루 쪽으로 공을 던지려던 유격수의 얼굴에 순간 당황한 빛이 역력했습니다. 공을 잡고 1루로 던지려고 보니 조 선수가 죽을힘을 다해 전력 질주를 하고 있는 것이었습니다. 1번 타자의 특징인 빠른 발의 장점을 유감없이 발휘하는 것이었습니다.

'남들이 포기했을 때 한 번 더 최선을 다하는 것, 그것이 나의 모토다!'

조 선수는 오직 그 한 가지만 머릿속에 떠올린 채 있는 힘껏 뛰었습니다. 아웃이 되건, 세이프가 되건 상관없이 뛰는 지금, 이 순간이 마지막이라고 생각하며 뛰는 것일 뿐입니다. 1루가 가까워지자 힘차게 슬라이딩했고, 판정을 보기 위해 심판을 바라보았습니다. 하지만, 판정을 내리는 심판조차 조 선수와 눈이 마주쳤을 때 놀라는 눈빛이었습니다. 마치 '아웃'을 외치려다가 아무 말도 하지 못하는 것 같았습니다.

그 순간, 하얀 공이 1루수 옆을 스쳐갔습니다. 다급하게 공이 던져

졌고 1루수 역시 느긋하게 공을 기다리다가 갑작스럽게 날아오는 공을 잡지 못하고 말았습니다. 조 선수는 앞뒤 가릴 것 없이 다시 2루로 뛰기 시작했습니다. 재차 몸을 던져 한 슬라이딩. 고개를 들어 심판을 보니 세이프입니다.

'살았다!'

흙으로 범벅 된 유니폼의 조 선수는 일어나 두 손을 번쩍 치켜듭니다. 관중석에서는 갑작스러운 변화에 환호성을 지릅니다. 일부 여성 팬은 눈물까지 흘립니다. 짐을 정리했던 2진도, 경기를 마음에 두지 않았던 더그아웃의 선수들도 엉덩이를 들썩이며 일어났습니다. 선수들의 눈도 빛나기 시작했습니다.

야구는 9회말 투 아웃부터라는 그 말이 들어맞는 순간이었습니다. 당황한 상대팀과 오랫동안 잃어 버리고 있었던 승부 근성을 찾은 팀과의 게임은 거의 일방적으로 진행됐습니다. 비록 경기를 뒤집지는 못했지만 무려 5점이나 뽑은 조 선수 팀은 이후 10번의 경기에서 6번을 이기며 승률을 두 배나 높였습니다.

노력이 소용없는, 모두가 포기하고 좌절하는 순간이 있습니다. 그때는 누구도 최선을 다하지 않습니다. 패배가 일상화가 되면 더욱 그렇습니다. 그때 딱 한 번 전력을 다해 몸을 던져 보면 어떨까요. 아무것도 모르는 초보일 때 아주 열심히 일을 하듯 말입니다. 동료, 가족, 친구의 눈빛이 달라지는 것을 소름 끼치듯 느낄 수 있습니다.

딱 한번 더 소리쳐 봐요

10. 말 한마디로 얻어낸 정직과 양심

축구장은 열기로 가득 찼습니다. 재학생의 응원도 뜨겁고 동문들도 목이 터져라 소리칩니다. 선수들의 얼굴에는 우승에 대한 집념이 묻어 있습니다. 떠나온 고향처럼 가슴을 따뜻하게 하는 풍경이기도 합니다. 김만수 감독은 축구장에 서서 가슴 벅차게 몰려오는 감동을 느끼고 있습니다.

그는 10년 전 잘나가는 국가 대표였지만 부상으로 모든 걸 접어야 했습니다. 긴 방황 끝에 모교의 감독이 된 지 벌써 4년. 드디어 전국 대회 결승 진출이라는 쾌거를 이룩했습니다. 좌절 속에서 희망의 빛을 찾은 것입니다.

경기는 초반부터 팽팽합니다. 상대는 전국 대회에서 두 차례 우승한 강팀. 특히 상대 스트라이커는 청소년 대표에 이어 국가 대표 주전을 예약한 스타플레이어입니다. 수비수들이 그를 막느라 애를 먹습니다. 선수들 역시 긴장한 탓인지 공격도 잘 풀리지 않아 겨우 0대 0으로 전반전을 마무리했습니다.

"세상 보물은 가장 간절히 원하는 사람에게 간다. 우리보다 우승을 절실하게 원하는 사람들은 없다. 그러니 반드시 이긴다!"

전반전이 끝난 뒤 김 감독은 비장한 목소리로 말했습니다. 함께 어깨를 다잡은 선수들도 반드시 이기겠다는 각오를 다지고 있습니다.

후반전이 시작되자 양쪽 팀 모두 적극적인 공세에 나서면서 몇 차례 득점 찬스를 주고받았습니다. 후반전 시작 20분, 상대 미드필더가 최전방 스트라이커에게 볼을 연결합니다. 공격수는 능숙한 발놀림으로 골대를 향합니다. 김 감독은 위기를 느끼며 자리에서 일어섰습니다. 그때 수비수가 공격수의 공을 빼앗기 위해 적극 수비를 하다가 공이 운동장 밖으로 나가는 상황이 벌어졌습니다.

선심은 골라인 아웃을 선언했고 김 감독은 가슴을 쓸어내립니다. 그런데 상대 공격수가 선심을 향해 달려가 강하게 항의하고 응원석에서 야유가 쏟아졌습니다. 공이 수비수의 다리에 맞고 나갔다는 것이었습니다. 국가 대표급 선수라는 자부심 때문인지 심판에게 항의하는 태도가 다소 불손해 보였습니다. 큰 몸짓과 얼굴을 들이대는 항의가 길어지자 심판이 옐로카드를 꺼내듭니다.

순간 흥분한 상대 팀 선수들이 심판에게 몰려가고 분위기가 험악
해졌습니다. 상대 팀 감독도 벤치를 발로 차고 소리를 지릅니다. 운
동장은 삽시간에 아수라장이 됐습니다.

김 감독은 소란이 일어나는 동안 벤치에서 물을 마시던 자기 팀 수
비수에게 묻습니다.

"대석아, 볼이 너를 맞고 나갔냐?"

선수는 대답 대신 눈을 찡긋해 보입니다.

"저희는 굿이나 보고 떡이나 먹으면 되겠죠. 하하하…."

선수는 그렇게 말한 뒤 팔짱을 끼고 앉으며 싸움 구경을 계속 합니
다. 그런데 갑자기 거구의 몸을 일으킨 김 감독이 싸움 장소로 뛰어
가는 것이었습니다. 이 모습을 본 상대 팀의 감독 역시 자리를 털고
운동장으로 뛰어들었습니다.

"어이, 김 감독. 왜 이래? 한번 해 보자는 거야 뭐야?"

상대 감독이 김 감독 손목을 잡고 화난 목소리로 말합니다.

"심판에게 할 말이 있어서 그래요. 형님네 선수 안 건드릴 테니 걱
정 마슈."

그렇게 말한 뒤 김 감독은 잡은 손을 뿌리치고 다시 가던 길을 갑
니다.

"자네, 국가 대표 출신이라고 너무 까부는 거 아냐?"

　상대 감독은 못 미더운 듯 따라오며 계속 시비입니다. 자칫 애들 싸움이 어른 싸움이 될 분위기입니다.

"우리도 가자!"

　지켜보던 김 감독팀 선수들도 주전, 후보 할 것 없이 싸울 태세로 운동장에 몰려갑니다. 결승전의 긴장감이 더해져 운동장은 폭발 직전 시한폭탄같이 됩니다.

　선수들과 감독까지 모두 운동장으로 모여들었고, 관중석에서조차 큰소리와 야유가 쏟아졌습니다.

"주심, 잠시만요."

　운동장 한가운데 도착한 김 감독이 심판을 부릅니다. 운동장의 모든 시선이 그의 입에 모였습니다. 김 감독은 많은 시선을 의식한 듯 잠시 긴장합니다. 그러다 주심에게 가까이 다가가 말합니다.

"저희 팀 선수의 몸을 맞고 나갔다고 합니다. 코너킥 주시죠."

　순간 모든 사람이 황당한 표정을 짓습니다. 상대 팀뿐 아니라 김 감독 팀 선수들도 할 말을 잃습니다. 그는 아무렇지 않은 듯 다시 자리로 돌아옵니다. 싸움은 싱겁게 끝났고 심판은 상의 끝에 상대 팀에게 코너킥을 줍니다. 그러나 골로 이어지지는 못했습니다.

10분 뒤 김 감독 팀 선수가 멋지게 한 골을 넣고 우승컵을 거머쥐었습니다.

돌아오는 차 안에서 선수들은 김 감독 주변으로 모여들었습니다. 왜 그런 말을 했는지 묻기 위해서였습니다. 선수들은 이해할 수 없었습니다. 굳이 판정을 뒤엎지 않았다면 경기를 더 유리하게 이끌 수도 있었기 때문입니다.

김 감독은 선수들에게 질문을 던졌습니다.

"이웃집 감나무 열매 서너 개가 우리집 마당에 떨어졌다면 어떻게 할래?"

잠시 생각했던 선수들은 "그냥 먹는다"는 한 선수의 말에 모두 동의했습니다.

"그래, 그것까지 돌려주라고 할 수는 없다고 치자. 그럼 주인이 돌려달라고 하면 어떻게 할래?"

한참을 생각하던 선수들은 돌려줘야 한다고 대답했습니다.

그러자 김 감독이 웃으며 말합니다.

"그래서 준 거야. 덕분에 심판은 우리에게 우호적이 됐고 너희는 정직을 배웠잖니."

제일 버리기 아까운 것이 굴러들어온 하찮은 불로소득일 것입니다. 구멍가게 주인이 100원짜리 대신 500원짜리 동전을 준 경우, 100원을 넣고 전화를 했는데 다시 잔돈으로 100원이 나오는 경우 등이 여기에 해당합니다. 내가 일부러 가져온 것도 아니고 더군다나 목숨이 달린 중차대한 일도 아니기 때문에 그냥 넘어가고 맙니다.

그런데 가끔 그 작은 별것도 아닌 일에 양심을 지키면 오히려 큰 것을 지키게 됩니다. 바로 정직과 양심입니다.

BY AIR MAIL
Ink

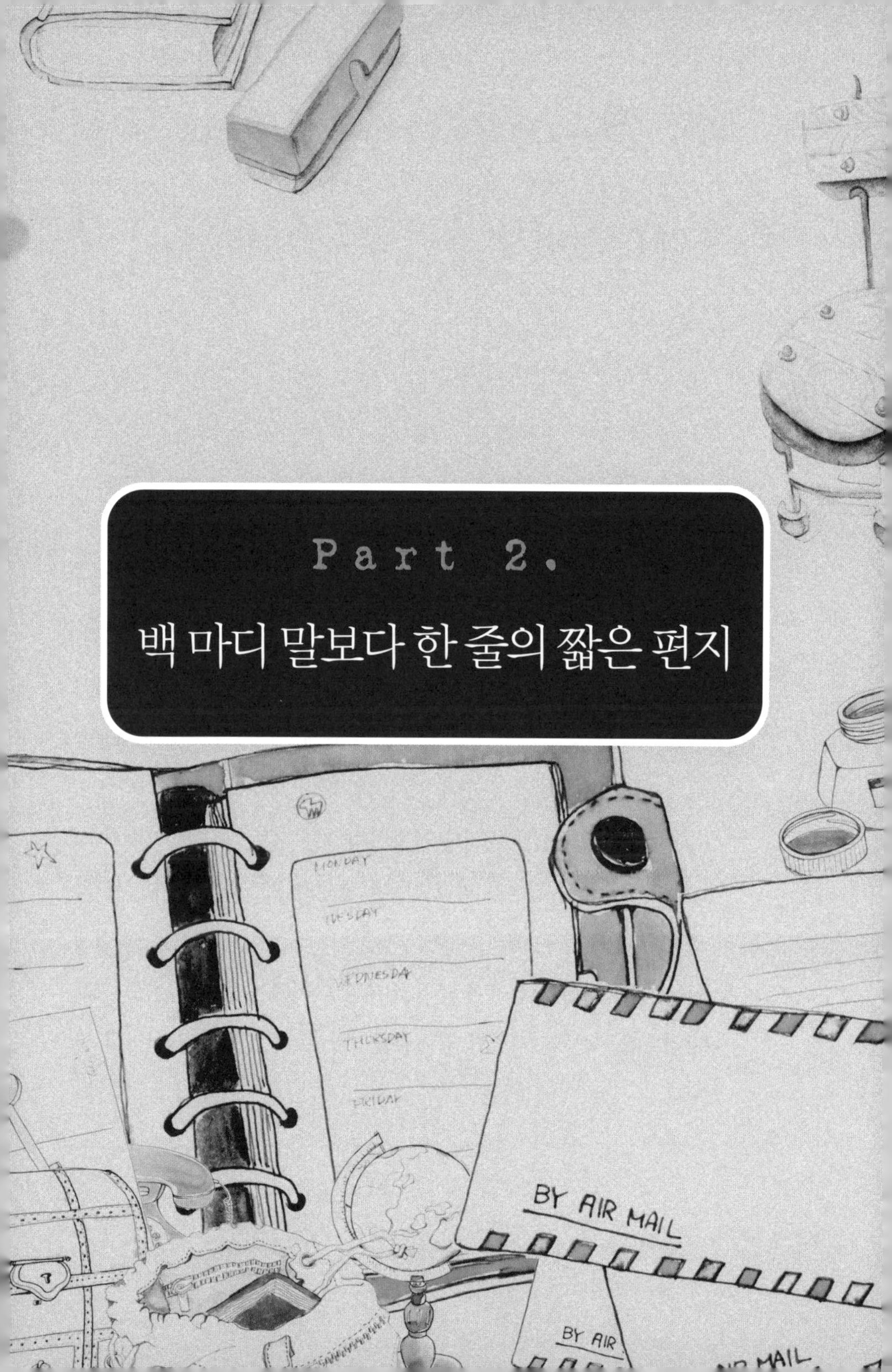

Part 2.
백 마디 말보다 한 줄의 짧은 편지
MONDAY
TUESDAY
WEDNESDAY
THURSDAY
FRIDAY
BY AIR MAIL
BY AIR
MAIL

11. 백 마디 말보다
한 줄의 짧은 편지

.
.
.

오전 근무 시간이 다 끝나가고 있는데도 김 대리는 아직도 회사에 모습을 드러내지 않고 있습니다. 핸드폰으로 전화를 해도 연결이 되지 않아 회사 사람들은 무슨 일이 생긴 건 아닌지 걱정이 됩니다. 하지만 늦게 일어났을 가능성도 높습니다. 매달 한두 번 있는 월례 행사처럼 됐기 때문이기도 합니다.

가장 최근에 발생한 지각도 열흘이 채 되지 않습니다.

회사 직원들이 점심을 먹고 사무실에 들어오자 미안한 얼굴로 자리에 앉아 있던 김 대리. 새벽까지 술을 마셨는지 몸에서는 술 냄새가 배어져 나옵니다. 부장님의 훈계와 타이르는 말을 들어도 그때뿐입니다. 그동안 넉넉한 인내심을 발휘해 온 부장님도 한마디 합니다.

“김 대리, 오늘은 왜 늦었나?”

“죄송합니다. 다음부터 주의하겠습니다….”

“자네, 다음부터 주의하겠다는 말을 벌써 몇 번이나 했는지 아나?”

“이번에는 진짜입니다.”

다시는 지각하는 일이 없을 거라는 말에 속아 주는 셈 치고 한 번 더 믿어봅니다.

“습관적인 지각은 김 대리 인생에 도움이 안 된다는 것 정도는 알잖아. 이길 수 있을 만큼만 술을 마셔야지. 이번까지만 자네 말을 믿어 보겠네.”

그러고는 다시 묻습니다.

“자네, 회사 근처에서 자취한다고 했지?”

알고 봤더니 걸어서 15분 정도의 거리에 김 대리의 자취방이 있었습니다. 회사에서 가장 가까운 김 대리가 번번이 지각을 하는 것이었습니다.

빈속이 쓰린지 찡그리는 김 대리의 얼굴을 보고 부장은 지갑을 열어 만 원짜리 한 장을 꺼내줍니다.

“가서 해장국이라도 한 그릇 먹고 와.”

염치없다는 듯 사라지는 김 대리의 뒷모습을 보고 부장은 더 이상 아무 말도 하지 않습니다. 그렇게 다시는 지각하지 않겠다고 다짐한

지 열흘이 지난 오늘 아침, 김 대리의 모습이 출근 시간이 지나 점심 시간이 되도록 또 보이지 않는 것입니다. 월말이라 사무실은 더욱 바쁜데 말입니다.

"어이, 김 과장. 자네 김 대리 집 아나?"

사원 파일에서 찾아 낸 김 대리의 주소를 들고 부장은 회사를 나섭니다. 직속 상사인 김 과장은 마치 자신이 잘못이라도 한 듯 어쩔 줄 몰라 하며 앞장섰습니다.

전화기가 꺼져 있어 부장이 집으로 찾아가고 있다는 소식을 알릴 방법도 없었습니다. 두 사람이 찾아간 김 대리의 집 안은 물론이고 김 대리의 몰골도 말이 아닙니다.

"김 과장은 가서 일 봐. 김 대리와 잠깐 이야기 좀 하고 들어가겠네."

갑작스러운 부장의 방문에 까치 머리를 한 김 대리는 이불을 걷어 한쪽으로 밀어 놓고 잘못한 중학생처럼 부장의 앞에 앉습니다.

"내가 예전에 시골에서 서울로 올라와 자취를 했어. 대학 다닐 때…."

부장은 뜬금없이 자신의 대학 시절 얘기부터 꺼냅니다.

"그런데, 아침 7시면 아버지가 전화를 해서 아침밥 챙겨 먹으라고 잔소리를 하셨지. 사실 나도 자네처럼 전날 술을 마시면 해가 중천에 떠도 일어나지 않고 퍼져 있을 때가 많았거든. 아버지 전화를 받으면 '네' 라고 대답한 뒤 끊고 바로 또 잔 거지."

목이 말라하는 부장에게 김 대리가 물을 건넵니다.

"아버지 말씀은 아침에 늦게 일어나기 시작하면 모든 게 망가진다는 거야. 작은 생활 습관이 인생을 바꾼다고 생각했지."

아버지의 전화를 아침마다 받았던 부장이 어느 날은 짜증이 나서 화를 내기도 했다고 합니다. 그러면 아버지 역시 야단을 치기도 하셨습니다.

"그러다가 아버지 전화 때문에 자꾸 싸우게 되니까 아버지가 원하는 것을 종이에 써서 편지로 보내 달라고 하고는 전화를 끊었어."

거기까지 말을 마친 부장이 잠시 말을 멈추더니 물 한 모금을 마십

백 마디 말보다 한 줄의 짧은 편지

니다. 어색한 침묵 때문에 덩달아 물을 마시려던 김 대리는 그 다음 부장의 말에 물이 목에 걸리고 맙니다.

"사실, 우리 아버지는 한글을 모르셔."

깜짝 놀란 김 대리의 입 안에 머금었던 물이 목에 걸려 그만 기침을 하고 맙니다.

"하하하. 자네가 보기에도 좀 잔인했지? 글을 쓸 줄 모르는 걸 뻔히 알면서 종이에 편지를 써서 보내라고 했으니…."

"…."

그 이후 한동안 부장의 아버지에게서는 전화가 오지 않았다고 합니다. 며칠 실컷 늘어지게 잘 수 있어서 좋았지만 일주일이 지나자 서서히 불안해지기 시작했습니다. 먼저 전화를 드려 볼까도 생각했지만 용기도 나지 않아 망설이던 중에 아버지로부터 편지 한 통이 도착했습니다. 부장은 자신의 지갑에서 코팅 된 종이 한 장을 꺼내 김 대리에게 건넸습니다.

"일찍 이러나고 밥 꼿 챙겨머거 – 아버지가"

삐뚤빼뚤한 글씨로 어렵게 적은, 맞춤법이 틀린 글이 적혀 있었습니다.

"아버지가 보낸 편지야. 딱 한 줄 적혀 있더군. 노인네가 며칠간 그 한 줄을 써서 보내려고 한글을 배웠던 거지. 눈물이 핑 돌았고 그날 이후 아버지의 편지를 가슴에 품고 늘 일찍 일어나 밥을 잘 챙겨 먹고 다녔지."

김 대리 역시 자신의 아버지가 편지를 보내 온 것처럼 감격스러웠습니다.

"이걸 자네에게 주겠네."

노란 갱지에 적힌 엉망인 글씨로 쓰인 편지 한 줄. 그 편지를 받은 김 대리는 다시 지각하는 일이 없었습니다. 어떤 날은 가장 먼저 출근해 사무실 정리를 싹 해 놓기도 합니다. 사람들은 김 대리의 눈에 띄는 변화에 놀라며 궁금해 합니다. 도대체 부장의 어떤 훈계가 그를 변화시켰는지 말입니다.

관심을 표현하고 애정이 담긴 질책도 할 수 있습니다. 하지만 열 마디, 백 마디 말보다 한 줄의 짧은 편지가 진심을 더 잘 전달할 수 있습니다. 사랑하는 사람, 곁에 있는 가족에게 전해 주는 편지 한 줄은 소중한 삶의 가치를 느낄 수 있는 인생의 나침반이 되어 줍니다.

이메일 한 줄에
가득 담은 진심

회사의 분위기는 다시 험악합니다. 결재 서류에 올라온 박형수 대리의 기획안을 보고 설영환 부장의 얼굴이 심각해졌기 때문입니다. 먹구름이 햇빛까지 가려 사무실 안은 더욱 침침합니다. 잠시 적막이 흐르더니 부장의 큰 목소리가 들립니다.

"이 사람아, 이걸 일이라고 했나!"

내년 마케팅 기획안을 받아 본 설 부장은 박 대리에게 호통을 쳤고, 사무실 안의 다른 직원들까지 뭔가 잘못한 듯 모두 고개를 숙이고 있습니다.

"자네, 이 기획서 작년과 다른 게 뭐가 있는 거야?"

"부장님께서 작년과 비슷하게 만들라고 하셔서…."

"그렇다고 베끼면 어떻게 해! 그런 식으로 대충 할 건가?"

박 대리는 억울한 듯 부장 얼굴을 쳐다봅니다. 옆에서 바라보고 있

던 김형일 과장이 급하나는 듯 둘 사이에 껴듭니다.

"부장님, 비행기 놓치시겠습니다. 지금은 나가야…."

부장은 더 할 말이 있지만 그만 둔다는 듯 말합니다.

"자네 말이야. 이딴 식으로 일할 거면 회사 그만 둬. 대학 4년 동안

도대체 뭘 배운 거야? 머리를 써야지, 머리를!"

설 부장은 급하게 가방을 들고 사무실을 나갑니다. 미국 출장길을 떠나기 전 마치 군기를 잡기 위해 회사에 들른 것 같습니다. 김 과장을 포함한 마케팅팀 직원들은 엘리베이터까지 나와 부장을 배웅합니다. 엘리베이터에 들어선 부장은 문이 닫히기 전에 다시 한번 다잡습니다.

"자네 말이야. 기획안 다시 만들어 메일로 보내!"

엘리베이터가 1층까지 내려가는 것을 확인하려는 듯 직원들은 한동안 자리에 서 있다가 흩어집니다. 김 과장은 박 대리와 함께 옥상으로 올라갑니다. 얼굴이 구겨진 박 대리를 위로하기 위해 담배 한 대를 권하는 김 과장이 불을 붙여 줍니다.

"얼굴이 별로 안 좋구나. 어제 술 했냐?"

"술은요, 며칠 동안 기획안 만들었죠. 그런데 작년 걸 그대로 베꼈다니. 내 참⋯."

"그래도, 설 부장 속은 깊은 분이야."

"속이 깊다구요? 지난해와 비슷하게 만들면 베꼈다고 뭐라고 하고, 다르면 튄다고 뭐라고 하고. 내 참, 어느 장단에 춤을 춰야 하는지. 벌써 몇 번째입니까, 기획안 가지고 시비를 한 게."

"자네가 이해하게. 마음이 급하고 불안해서 그런 거야. 책임지는 자리에 가면 뭔가 부족한 것을 채워야 한다는 생각뿐이지 않는가."

"아무리 그래도 그렇지. 이렇게 자주 깨지는 데 견딜 수 있습니까?
그만두든지 해야지."

박 대리는 계속되는 설 부장과의 업무 마찰 때문인지 그만둔다는
말을 자주 합니다.

"참아야지. 갈 곳이 있으면 모를까. 가족들도 생각해야 하는 거 아
니야."

김 과장이 회사원의 현실을 되새겨 줍니다. 대학을 졸업하고 해 본
것이 이 회사에 다닌 것뿐이니 무작정 회사를 그만둘 수도 없어 머
리는 복잡하고 가슴은 답답합니다.

그날 박 대리는 집에 와서 부인에게 술 한잔 하자고 합니다. 최근
들어 계속되는 설 부장의 불호령은 물론이고 종잡을 수 없는 업무지
시로 스트레스가 쌓인다고 호소합니다. 안 그래도 한달 내내 별로
기분이 좋아 보이지 않았던 남편의 이야기를 들은 아내는 한마디 거
듭니다.

"그 사람이 왜 그래요? 당신이 뭐 밉보인 거 있어요?"

"모르겠어…. 대학 선배 한 명이 마케팅 회사를 세웠다고 하는데,
이참에 그쪽으로 옮겨볼까…."

"지금 있는 회사보다 불안하지 않아요?"

"물론 안정적인 것은 지금 있는 회사가 훨씬 낫지…. 하지만 그곳

으로 가면 일단 윗사람 눈치 볼 일은 없어지는 거야."

"당신 마음도 알겠지만 애들 이제 중학교, 고등학교 들어가서 교육비도 만만치 않아요. 생활비를 줄여도 애들 교육비는 줄일 수 없는 거 알잖아요."

아내에게 하소연을 해도 박 대리는 마음이 풀리지 않고 오히려 답답하기만 합니다. IMF보다 더 어렵다는 불경기에 일을 할 수 있는 것만으로도 감사해야 하지만 그런 마음이 쉽게 우러나오지 않습니다.

밤을 뒤척이다 아침 일찍 출근한 박 대리. 컴퓨터 스위치를 누르고 커피 한 잔 들고 옥상에 올라가 담배를 뭅니다. 시원한 공기와 함께 핀 담배로 하루의 걱정을 날려버리고 가뿐한 마음으로 사무실로 내려갑니다.

업무와 관련된 메일을 확인하는 중 건너편에 앉아 있는 김 과장의 목소리가 들립니다.

"어? 부장이 메일 보냈네? 이거 왜 보낸 거야?"

'또 무슨 싫은 소리를 하려고…'

박 대리는 스팸 메일보다 더 기분 나쁜 메일이 설 부장의 메일이라고 생각하며 자신의 메일을 확인합니다. 박 대리에게도 역시 설 부장의 메일이 도착해 있었습니다.

"저에게도 설 부장님의 메일이 왔는데요."

　사람들은 어제의 살벌한 풍경을 기억해서인지 관심을 보입니다. 오기가 발동한 박 대리는 "그냥 지워 버릴까요?"하고 묻지만 사람들은 그렇지 않을 것도 압니다.

　나중에 확인하고 싶기도 했지만, 기획안에 대한 내용이 들어 있을지 몰라 박 대리는 바로 메일을 확인합니다.

　'어제 너무 심하게 말한 거 같다. 미안하다. 예뻐서 매 한 대 더 맞는다고 생각해라.'

　딱 한 줄 적혀 있는 설 부장의 메일은 박 대리의 가슴을 먹먹하게 만들었습니다.

　"거 봐라. 부장님 속이 깊다고 했잖아."

　언제 왔는지 김 과장이 한마디 합니다. 메일 확인을 끝낸 박 대리는 기획안을 수정하기 위해 폴더를 열고 있었습니다.

먹고살기 위해, 그리고 아이들 교육시키기 위해 직장인들은 어떤 수모를 당하더라도 참고 견뎌냅니다. 경제 위기로 인해 회사의 형편이 좋지 않아지면서 동료들조차도 마음을 터놓고 말을 할 수 없는 상황이 되기도 합니다. 그래서 가끔은 별것도 아닌 일로 서로에게 상처를 주는 말을 내뱉습니다. 하지만 별것도 아닌 말이 쌓이고 쌓여 '감정' 으로 남을 수도 있습니다. 따뜻한 위로의 말이 담긴 한 장의 쪽지나 한 통의 메일은 그런 감정의 찌꺼기를 싹 날려줄 것입니다.

"**인건비가 싸다고** 미개한 나라에 온 것부터 잘못인 것 같습니다…."

최윤석 과장이 방글라데시 다카공항에 내린 정동석 신임 지사장에게 현지 사람들에 대해 처음부터 평가절하하며 말합니다. 현실도 현실이지만 지사장이 처음부터 큰 기대를 갖지 않게 하려는 생각입니다.

신임 지사장은 임원으로 진급하며 방글라데시 다카 공장 회생 임무를 부여받았습니다. 현지인과 마찰을 없애고 생산성을 높이는 것이 첫 번째 목표라고 할 수 있습니다. 하지만 문화와 생활환경이 다른 이곳에서 우리나라가 70년대에 새마을운동을 했던 것처럼 '새마을 정신'을 요구할 수는 없는 노릇이었습니다.

"여기 사람들은 화장실에서 볼일을 본 후 손으로 모든 처리를 합니다. 그 손으로 밥도 먹는 미개한 사람들이죠. 그런 습관을 고치기 전에는 정말 가망이 없습니다."

오래된 외지 생활에 지친 최 과장의 말에는 현지 사람들에 대한 혐오가 묻어나고 있습니다.

정 이사는 우리나라의 60년대보다 못한 풍경에 불현듯 걱정이 되기도 합니다.

'서양인들이 미개발된 우리나라에 왔을 때 이런 기분이었을까?'

갑작스레 든 생각에 머리가 조금은 복잡해졌습니다. 회사의 근무 환경을 좋게 만들어도 현지인들의 생활 습관이 고쳐지지 않는다는 최 과장을 말을 계속 듣다 보니 생산성을 높인다는 것이 그리 쉽지는 않을 것이라는 생각이 듭니다.

비행기에서 내려 공장으로 가기 위해 시계를 보니 12시. 최 과장은 밖에서 점심을 먹고 들어가자고 권합니다. 하지만 정 이사는 사무실에 먼저 들르자고 합니다. 잠시 후 도착한 사무실 입구 회의실에서는 왁자지껄 웃음소리가 들리고 여기저기서 음식 냄새가 납니다. 그런데 들어서는 최 과장을 본 사람들은 놀라 어쩔 줄 몰라 합니다. 함께 들어온 정 이사를 보면서는 멋쩍은 웃음을 짓습니다.

"도대체 왜 말을 안 듣습니까? 손으로 밥 먹지 말라고 몇 번이나 말했습니까!"

최 과장은 그들을 보자마자 소리칩니다. 직원들은 기어들어가는 목소리로 잘못했다며 머리를 숙입니다.

현지인들의 비위생적인 습관을 고치게 하기 위해 최 과장은 사무실에서는 손으로 밥을 먹지 못하게 했습니다. 특히 사무실 직원들은 엘리트 출신인 만큼 그들부터 고쳐나간다면 회사 분위기를 바꾸는 것은 어렵지 않을 거라 생각했습니다. 그래서 한국 전통 문양이 새겨진 숟가락 세트를 회사 직원들에게 선물까지 했습니다. 하지만 왠지 잘 고쳐지지 않았습니다.

멋쩍게 서 있던 정 이사가 현지인들에게 먼저 인사를 건넵니다. 모두들 다시 환한 얼굴로 인사를 나눴습니다. 정 이사는 대뜸 물었습니다.

"회사 방침에도 불구하고 왜 계속 손으로 밥을 먹는 거죠?"

모여 있는 사람 중 한 사람이 용기를 내서 말합니다.

"저… 젓가락으로 먹으면 맛이 없거든요."

"그렇군요."

정 이사는 웃으며 가볍게 대답하고 사무실을 돌아봅니다. 신임 지사장은 다음 날부터 업무를 파악하느라 여기저기 돌아다니며 점검을 합니다. 그런데 점심 시간만 되면 최 과장과 직원들 간에 실랑이가 벌어집니다. 젓가락을 사용하라는 최 과장과 눈치껏 손으로 먹는 사람들 사이의 갈등입니다. 정 이사가 부임한 지 2주 정도 지난 후였습니다.

"최 과장, 내일 자네 점심은 내가 쏠 테니 그렇게 알게."

"네? 뭘 사 주시려구요? 아직 현지 식사가 입에 잘 안 맞을 텐데요."

"걱정하지 말게. 기대해 봐."

다음날 점심 시간이 됐습니다. 그런데 정 이사는 사무실 밖으로 나가는 대신 큰 꾸러미를 들고 최 과장을 불러 현지인들이 밥을 먹는 회의실로 갑니다. 손으로 밥을 먹던 현지인들은 최 과장을 보고는 잠시 멈칫 합니다. 최 과장 얼굴 역시 표정이 좋지 않습니다.

그런데, 정 이사가 웃으며 그 중간에 풀썩 주저앉아 들고 온 보따리를 풉니다. 우리나라 전통 문양의 찬합이 들어 있었고 뚜껑을 여니 된장과 고추장, 그리고 상추와 배추였습니다.

정 이사는 상추 하나를 왼손에 올린 뒤 그 위에 밥과 고추장을 놓습니다. 그러고는 익숙한 손놀림으로 쌈을 싸서 입으로 집어넣습니다. 신기한 듯 바라보는 사람들에게 정 이사는 맛있다는 표정을 지으며 엄지손가락을 펴 보입니다.

현지인들은 "브라보"를 외칩니다. 그중에는 스스럼없이 다가와 상추에 고추장을 놓고 쌈을 싸 먹는 사람도 있었습니다. 이때 정 이사가 묻습니다.

"손은 씻었나요?"

"물론입니다!"

"상추쌈은 손으로 싸 먹어야 제 맛이야. 이걸 숟가락으로 싸 젓가락으로 먹는다고 생각해 봐. 먹기도 불편하고 어디 쌈 맛이 제대로 나겠나? 안 그런가, 최 과장?"

정 이사가 빙긋 웃으며 말하자 최 과장은 현지인들에게 숟가락과 젓가락을 강요한 것이 어떤 의미를 가지는지 비로소 느낀다는 듯 고개를 끄덕입니다. 최 과장도 그제야 즐겁게 손으로 상추쌈을 만들어 먹기 시작했습니다.

현지인들은 고추장이 너무 맵다며 손사래를 치면서도 재미있는 표정을 짓습니다.

김치나 콩나물 무침을 만들 때 어머니들은 손으로 한참을 버무립니다. 젓가락으로 버무린다면 위생적이라고 생각하게 될까요? 음식 맛은 손맛에 있기도 하지만 그 문화 자체를 인정하는 의미도 있습니다. 어느새 습관처럼 배어 버린 어머니들의 음식 만드는 방법. 우리는 그것을 비위생적이라고 생각하지 않습니다.

잘사는 나라의 문화가 무조건 선진 문화라는 일방적인 편견을 벗어 버리고 인간적인 의미로 문화를 받아들인다면 공통분모를 찾을 수 있게 될 것입니다.

14

높은 곳,
낮은 소리

정문에 멈춘 윤 이사는 회사 건물을 올려다봅니다. 높은 빌딩이 새롭게 보입니다. 20년 전 신입사원으로 입사해 노력 끝에 임원이 된 첫날. 오래 일한다고 해서 모두 임원이 되는 것은 아닙니다. 업무 성격이 맞지 않다며 회사를 옮긴 동기를 비롯해 권고사직은 물론이고 명예퇴직을 신청한 동기들도 꽤 있습니다. 하지만 그는 이제 어엿한 영업본부장입니다.

직원들의 업무 보고를 들은 후 각종 자료를 검토하던 중 이상한 점이 눈에 띄었습니다. 대개 작은 도시에는 영업소가 하나인데 경기의 한 지역에는 영업소가 두 개가 되는 것이었습니다. 정확한 이유를 알고 싶은 윤 이사는 담당 팀장에게 전화를 걸어 직접 물어봤습니다. 지금은 다소 매출이 줄었지만 웬만한 소도시에 있는 영업소의 두 배 가까운 매출을 올리고 있다는 이야기였습니다.

2주 후, 윤 이사는 두 개였던 지역의 영업소가 한 개로 줄어들었다는 보고서를 접하게 됩니다. 영업소 직원 세 명 중 계약직이었던 한 명은 그만두고 두 명은 나머지 영업소로 편입됐다는 조치에 의아해합니다. 다시 확인을 위해 담당 팀장에게 전화를 했지만 팀장은 자리에 없었습니다. 굳이 실무자에게 직접 들을 일은 아닌 것 같아 전화를 받은 직원에게 영업소 한 곳의 폐쇄 이유를 물어봤습니다. 대답을 들은 윤 이사는 당황스러웠습니다. 폐쇄 이유는 바로 자신이 내린 지시 때문이라는 것이었습니다.

순간 윤 이사는 화가 났습니다. 전혀 지시한 일이 없는데도 불구하고 팀장이 그런 조치를 취한 후 자신에게 책임을 전가했기 때문입니다.

얼마 지나지 않아 영업본부의 팀장이 찾아왔다는 보고를 받습니다. 방에 들어 온 팀장은 쩔쩔매는 목소리로 이유를 이야기합니다.

"저…, 이사님이 영업소가 두 개인 이유를 물어보시기에 한 개로 줄이라는 뜻인 줄 알고…."

윤 이사는 할 말을 잃었습니다.

팀장이 나간 후 곰곰이 생각에 잠겼습니다. 궁금해서 한마디 던진 말이 이런 결과를 가져올 줄은 전혀 예상하지 못했기 때문입니다.

순간 자신이 과거와는 전혀 다른 환경에 산다는 것을 깨닫습니다. 더 이상 손발을 쓸 일이 없어졌고, 스케줄 역시 복잡하게 짜 맞춰가며 하루를 만들어가지 않아도 됩니다. 게다가 느긋하게 여유를 부릴 수 있는 방까지 생겼습니다.

하지만 오히려 직원들이 무슨 생각을 갖고 있는지는 알지 못하게 됐습니다. 말의 영향력은 커졌는지 모르지만 사람의 진심은 전달이 되지 않는 것 같습니다.

다음 날, 비서와 점심을 하기 위해 구내식당으로 내려갔습니다. 부장 이상은 구내식당을 거의 이용하지 않는 불문율이 있습니다. 직원들이 편하게 식사를 하도록 하는 배려도 있는 셈입니다. 윤 이사는 한마디 합니다.

"가끔 먹는 짬밥이 훌륭한 임원을 만든다. 방금 정한 내 모토지."

식당에 들어서서 내부를 둘러보고 있을 때 한 직원의 입에서 귀에 익은 이름이 들립니다.

"새로 온 윤태식 이사 말이야. 사람이 완전 조변석개(朝變夕改)래. 아침에는 영업소를 없애라고 했다가 저녁에는 폐쇄했다고 책임을 추궁하더래나…."

"임원이 되면 다 그런 거 아니겠어? 그 사람, 기획실 부장이었을 때는 사람이 좋았다고 하던데…."

영업본부 직원들은 바로 옆에 있는지도 모르고 임원이라는 반찬을 하나 더 놓고 열심히 씹고 있는 중이었습니다. 윤 이사는 모르는 척 듣기만 하고 오히려 옆에 있던 김 비서만 안절부절입니다. 밥을 받아 든 윤 이사는 '조변석개'를 이야기한 직원 옆자리에 앉습니다.

"자네, 김치 안 먹을 거면 나에게 주겠나?"

갑작스러운 이사의 등장에 직원들은 긴장하고 일어섭니다.

"아, 네. 물론입니다. 드시지요."

"역시, 김치는 총각김치가 최고야. 안 그런가? 식사가 끝나면 후식으로 내가 아이스크림을 쏘지."

뭔가 불호령이 떨어질 줄 알았는데, 윤 이사는 김치와 아이스크림 이야기로 농담만 할 뿐입니다.

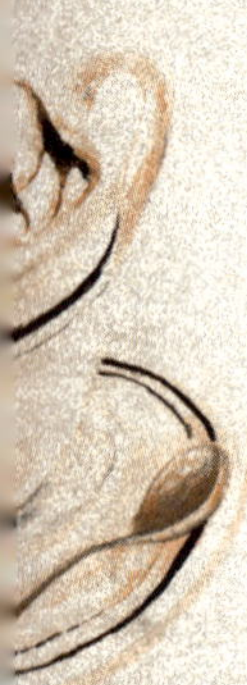

비행기를 타고 하늘을 나는 사람은 땅의 소리를 듣기 어렵습니다. 임원이 될수록, 높은 곳으로 갈수록 작은 소리는 듣기 힘들죠. 좋은 음식만 먹는 임원이 가끔씩 평직원과 어울려 구내식당 밥을 먹는 것, 작지만 지상과의 관계를 잇는 끈이 될 수 있습니다.

장졸들은 자신의 떨리는 심장 소리를 장수가 듣고 있다고 생각할 때 목숨을 바칩니다. 박정희 전 대통령이 봄만 되면 모내기를 한 뒤 논두렁에서 막걸리를 마셨던 것도 같은 이유일 겁니다.

15

세상에서 가장 비싼
호떡 한 장

동네 치킨집에서 김태식 과장은 두 번째 마시고 있는 생맥주 잔을 물끄러미 바라봅니다. 술잔엔찬 이슬이 가득합니다. 하지만 김 과장의 가슴에는 뜨거운 기운이 가득합니다.

오전, 하반기 마케팅 기획회의 때 준비한 프리젠테이션이 시원치 않은 반응이었고, 새로운 전략에 대한 보고를 받은 임원은 작정이나 한 듯 날카롭게 비판만 합니다. 앞으로 회사에 나올 생각을 하지 않는 건 어떠냐는 말까지 덧붙였습니다.

어느덧 삼팔선을 넘어 사오정을 향해가는 김 과장에게 하루하루가 마치 외줄을 타는 것 같습니다. 자칫하면 회사에서 밀려날 것 같습니다. 위에서 누르고 아래에서는 치고 올라오는 샌드위치 신세가 된 것입니다.

입사 동기인 이 과장과 맥주 한잔 하면서 위로와 격려를 주고받지만 힘이 되지 않습니다.

"당장은 좀 힘들어도 조금 버티면 좋아질 거야."

"아무래도 나는 다된 거 같아. 상사한테 깨지는 것도 하루 이틀이지…. 나가서 호떡 장사라도 할까. 설마 굶어죽기야 하겠어?"

"이 사람아. 호떡 장사는 쉬운 줄 알아? 그리고 그걸로 어떻게 처자식을 먹여 살리나?"

그때 주머니에 있던 핸드폰이 울립니다. 이제 일곱 살 된 딸아이의 목소리가 들립니다.

"아빠, 어디야?"

"집 근처야."

"그럼, 들어올 때 호떡 사와. 집 앞 사거리에 호떡집 있잖아. 알지?"

호떡 이야기를 듣기라도 한 것처럼 딸아이는 호떡을 사다 달라며 전화를 했습니다. 사랑하는 딸의 목소리를 듣고 훌훌 털고 일어나 아파트 입구에 있는 호떡집으로 향합니다. 조그만 포장마차에서 부부가 만드는 호떡을 사기 위해 많은 사람들이 줄을 서 있습니다. 김 과장은 틈을 비집고 들어갔습니다.

"호떡, 얼마예요?"

"세 개에 천 원입니다."

그 순간 김 과장은 놀랍니다.

"아니, 밀가루 값이 올랐다고 세 개에 2천 원이면 너무 비싼 거 아닙니까?"

순간 옆에 서 있던 사람들의 웃음이 터져 나옵니다.

"아저씨, 사오정이에요? 세 개에 천 원이에요."

옆에 있던 초등학교 1학년쯤 돼 보이는 아이가 당돌하게 말합니다. 순간 김 과장은 머쓱해졌습니다. 세 개에 천 원일 거라고는 생각도 하지 못했던 것입니다. 요즘에 천 원짜리 한 장으로도 무엇인가를 살 수 있다는 게 신기할 뿐입니다.

"아니, 그렇게 싸게 팔아서 남는 게 있어요?"

"하하하, 그러게요."

호떡 여섯 개를 주문하고 기다리고 있는 동안 또 한 사람이 들어왔습니다. 맛있는 호떡을 먹기 위해 여기까지 왔다는 연인도 있고, 옆 동네로 이사를 갔는데 아들놈이 꼭 이 집 호떡을 먹고 싶다고 해서 차를 몰고 여기까지 왔다는 사람도 있습니다. 호떡 주인 말로는 강남에서도 차를 끌고 와서 호떡을 사 간다고 합니다.

호떡을 사 들고 나오는데 김 과장의 머릿속에서 호떡을 파는 부부의 얼굴이 초면이 아닌 것 같았습니다. 어디선가 본 기억이 있지만 가물가물 명확하게 떠오르지 않는 것입니다. 그러다가 얼마 전 10년 된 낡은 차를 바꾸기 위해 자동차 영업소를 방문했을 때 일이 떠올랐습니다. 옆에서 에쿠스를 계약하는 낡은 옷 차림의 부부였기 때문에 유심히 봤던 것입니다.

김 과장은 집에서 기다리고 있던 딸아이에게 호떡 봉지를 건네주고 씻은 후 자리에 누웠습니다.

"그런데, 호떡집 부부 있잖아. 힘들게 벌어서 너무 헤프게 쓰는 것 같아. 글쎄 에쿠스를 계약하더라구."

옆에 누워 있던 아내는 남편의 말을 듣고 허탈하게 웃습니다.

"이봐요, 김 과장님. 호떡집 부부가 얼마나 부자인 줄 알아요. 이 동네에 아파트 일곱 채가 있대요. 지난 IMF 때 사뒀는데 지금은 그게 폭등해서 재벌이 됐답니다."

아내의 말에 김 과장은 충격을 받았습니다. 천 원에 세 개짜리 호떡으로도 부자가 될 수 있다는 사실이 대기업에 다니는 김 과장에게는 다른 세상의 이야기입니다. 자신이 하찮다고 생각한 호떡을 팔아 부자가 됐다는 사실이 충격으로 다가온 것입니다.

그날밤 김 과장은 잠을 쉽게 이루지 못했습니다.

하찮은 일을 한다고 부자가 될 수 없는 것은 아닙니다. 호떡을 팔아도, 구두를 닦아도 부자가 될 수 있습니다. '본죽' 이라는 브랜드로 웰빙 바람을 주도했던 김철호 사장도 호떡 장사로 재기의 밑천을 마련했다고 합니다.

따지고 보면 세상의 많은 부자들은 한때 하찮다고 생각되는 일을 했습니다. 고(故) 정주영 현대그룹 명예회장은 일용직으로 공사판에서 오랫동안 일을 했습니다. 지금 내가 하고 있는 일에 자부심을 가지세요. 지금 하고 있는 일이 부자가 되는 지름길이라고 생각하면서 말입니다.

16

작은 일이
더 소중한 이유

"아가씨, 여기 화장실이 어디
에 있나?"

백화점에서 물건을 이것저것 고르던 한 노인이 갑자기 물어봅니
다. 점원으로 일하고 있는 최혜지는 친절하게 화장실을 알려드립니
다. 하지만 매장이 워낙 많아 설명에 만족하지 않은 노인은 화를 냅
니다. 설명으로 끝내려던 최혜지는 노인을 친절하게 화장실까지 안
내합니다.

입사 1년차 최혜지는 대한민국 최고 명문대 영문학과를 나왔습니
다. 언론사 입사가 꿈이지만 지금은 A백화점에 들어왔습니다. 집안
형편도 그리 좋지 않아 언론 재수를 꿈꾸는 것은 무리라는 생각이
들었습니다. 심각한 취업난에 일자리를 구한 게 그나마 다행이라는

생각입니다. 하지만 이런 최혜지의 모습을 보는 아주머니들은 안쓰러워합니다.

"사장님도 참 이상하네. 좋은 대학 나온 신입사원을 왜 비싼 월급 줘가면서 이런 허드렛일을 시키는 거야…."

"괜찮아요. 저는 재미있는걸요. 좋은 분들 많이 만나고 좋은 상품 원 없이 구경도 할 수 있고 너무 좋아요."

주위의 안타까운 시선과는 달리 최혜지는 막내답게 심부름도 잘하고 궂은일은 알아서 할 줄도 압니다.

오늘은 동기 모임이 있는 날입니다. 함께 입사한 총 일곱 명의 동기 모두 명문대 출신입니다. 심각한 취업난 때문에 어느 기수보다 학벌이 뛰어났습니다. 중견 규모의 A백화점이 생긴 이래 처음 있는 일이라고 합니다.

처음에는 안부를 묻고 시작된 동기 모임이 회사에 대한 불만을 쏟아 놓는 성토의 장이 됐습니다. 머릿속에는 회사를 위한 아이템이 수없이 떠다니는데, 물류 창고에서 박스만 운반하는 데 대한 불만, 손님들이 가져온 자가용 때문에 매연을 마시면서 하루 종일 주차 관리를 하는 데 대한 불만 등등.

"사장님 모토가 복사 잘하는 사람이 큰일도 잘한다는 거래. 대졸 신입사원 대신 복사하는 사람 뽑아서 그중 제일 빨리하는 사람 승진

시키면 될 것 아니야."

"좋은 학교 나왔을수록 더 낮은 곳을 가 봐야 한다고 했다는 거야.
말도 안 되는 소리 아니냐⋯."

회사에 대한 불만을 토로한 끝에 인사 담당자에게 한번 말이라도
해 보자는 쪽으로 의견이 모아졌습니다. 그런데 누가 대표로 이야기
할 것인지는 서로 눈치만 보고 있습니다. 괜히 나섰다가는 찍히기
십상이기 때문입니다. 고양이 목에 방울을 달 용기는 아무도 없는
듯 보였습니다. 그때 누군가 말합니다.

"동기 회장인 영민이하고 수석으로 입사한 혜지가 가면 대표성이
있지 않겠니?"

아무 말 없이 삼겹살만 먹던 최혜지가 입 안에 있던 고기를 다 넘
기고 말합니다.

"같이 가는 건 괜찮은데, 난 사실 지금 이 일이 재미있거든. 도움이
될지 모르겠다."

모두들 자신들의 실력과 능력에 비해 형편없는 일을 할 것이 아니
라 회사에 도움이 되는 제대로 된 일을 하고 싶어 한다는 것인데, 혜
지의 말에 그만 입을 다물고 맙니다.

취기가 오른 동기는 최혜지에게 도끼눈으로 덤빕니다.

"너, 사장님하고 친인척이라도 되냐? 완전 어용이네."

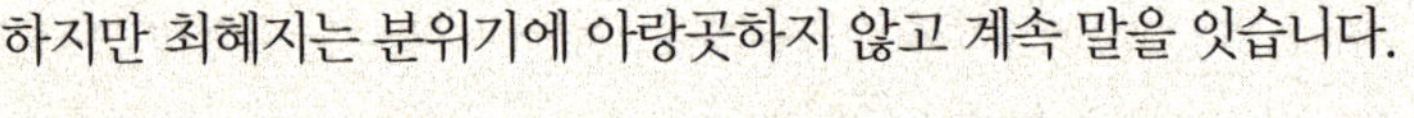

하지만 최혜지는 분위기에 아랑곳하지 않고 계속 말을 잇습니다.

"영국 옥스퍼드대학을 갓 졸업한 청년이 간디가 이끄는 공동체에 와서 살게 됐대. 너희들 간디 알지?"

혜지는 만면에 웃음을 머금고 고객을 대하듯 최대한 친절하게 말을 합니다.

갑자기 간디 이야기가 나오자 동기들은 귀를 기울입니다.

"그런데 보직이 화장실 청소였대. 첫날부터 하루, 이틀은 잘했는데 1주일, 2주일이 지나면서 공동체 자체에 대해 회의를 느꼈다는 거야. 며칠 안 있어서 그는 간디를 찾아가 자신은 공부를 많이 했기 때문에 큰일을 할 수 있다며, 큰일을 맡겨 달라고 했다는 거야. 그러자 간디가 그를 물끄러미 바라보다가 뭐라고 했는지 알아?"

잠시 침묵이 흘렀습니다. 아무도 대답을 하지 않습니다.

"자네가 큰일을 할 수 있다는 것은 아네. 내가 모르는 건 자네가 작은 일도 잘할 수 있는가 하는 걸세."

동기들 사이에서 다시 침묵이 흘렀습니다.
"우리가 사실 세상에서 얼마나 위대한 일을 할 수 있겠니. 단지 위대한 사랑을 갖고 작은 일을 할 수 있을 뿐이라고 난 생각해."
최혜지는 말을 마치고 다시 젓가락으로 삼겹살을 집었습니다. 그 순간 누군가가 잔을 들며 말합니다.
"작은 일을 위하여! 큰 사랑을 위하여!"

가끔 직장에서 하찮은 업무를 맡고 있는 자신의 모습에 사람들은 좌절합니다. 그러나 작은 일을 잘하는 사람이 큰일도 잘합니다. 큰일도 결국 작은 일이 쌓여 만들어졌다는 진리를 누구든 알고 있지요. 내게 주어진 작은 일이 소중한 이유가 여기 있습니다.

임진왜란 때 수군 최고 책임자였던 이순신 장군은 전쟁 중 모함으로 백의종군 하게 됩니다. 가장 높은 곳에서 낮은 곳으로 떨어진 것이죠. 그런데 그가 일반 병사가 됐다고 해서 맡은 바 소임을 소홀히 했다는 기록은 없습니다. 아마 그랬다면 그의 화려한 부활은 힘들었을 것입니다. 큰일 잘하는 사람은 최악의 상황에서도 작은 일에 소홀하지 않습니다.

17

실수를 만회하는 그가
사랑스러운 이유

오후 업무를 마무리할 때쯤 집사람으로부터 전화가 옵니다. 대출 건 때문에 통장을 가지고 있었는데, 공과금을 내야 한다며 아내의 통장으로 계좌 이체를 하라는 내용이었습니다.

재혁은 대강 책상을 정리하고 은행에 가기 위해 일어섭니다. 바로 그때였습니다.

"아! 2007년 데이터로 작업하면 어떻게 해. 결과가 2008년하고 같잖아. 정신이 있는 거야, 없는 거야!"

갑자기 부장님이 버럭 소리를 지릅니다. 일이 터진 것입니다. 시선이 한곳으로 쏠립니다. 신 대리가 2009년 영업기획안을 잘못 만들었나 봅니다. 2008년 실적을 바탕으로 2009년치를 예측해야 하는

데, 2007년 자료를 바탕으로 작업을 한 것입니다. 신 대리는 재혁이 속한 팀 고참인데 가끔 황당한 실수로 사람들의 간담을 서늘하게 합니다.

'어떻게 저런 실수를 할 수 있을까…. 희한하네.'

이런 생각과 함께 재혁은 멈칫했던 발걸음을 다시 문 쪽으로 옮깁니다.

"재혁 씨, 여기 좀 와 봐!"

순간 화난 부장 목소리에 그의 이름이 담겨 날아옵니다.

"네?"

"이리 와 보라니까!"

재혁은 엘리베이터로 향하던 발걸음을 돌려 쪼르르 팀장에게 갑니다.

"이거 자네가 4시 전까지 다시 만들어! 그때 사장님께 보고해야 한단 말이야."

신 대리에게 화가 난 부장이 그 아랫사람에게 일을 맡겨 버립니다. 신 대리는 보기 좋게 자존심을 구깁니다.

그러나 재혁 씨 입장에서는 날벼락입니다. 똥줄이 타는 느낌. 바로 이런 걸 말하는 걸까요? 한 시간 동안 기획안을 다시 만들어야 합니다. 그것도 문제지만 아내에게 돈 보내기가 어려워졌습니다.

"재혁 씨, 미안해."

신 대리가 옆으로 와서 개미만 한 목소리로 말합니다.

"지금 급하게 은행에 가 돈을 보내야 하는데, 어떻게 해요. 오늘 못하면 연체료 물어야 한단 말이에요."

신경질이 난 재혁은 고참을 쏘아 부칩니다.

"…"

"더 이상 말 시키지 마세요. 최대한 빨리 끝내고 은행엘 가야 해요."

자신의 일을 후배에게 넘긴 신 대리는 어깨를 늘어뜨린 채 밖으로 나갑니다.

재혁은 초스피드로 영업계획안 작성에 들어갑니다. 급한 심정을 알 길 없는 아내는 10분 간격으로 전화를 해댑니다.

"나 지금 급해. 나중에 전화할게."

재혁은 세 번째 온 아내의 전화에 한마디 남긴 채 끊어 버립니다.

급하게 마무리하고 시계를 보니 3시 20분. 자료를 받은 부장이 사장실로 향하는 걸 보고 부리나케 엘리베이터로 갑니다.

'간신히 30분 전에 보내겠는걸.'

엘리베이터가 유난히 느리게 움직이는 것 같습니다.

그런데 1층 은행에 들어서는 순간 재혁은 주저앉고 싶은 심정이 됩니다. ATM기계로 간단하게 보낼 수 있는 카드를 그만 사무실 책상 서랍에 놓고 온 것이 기억난 것입니다. 책상 서랍은 잠겨 있어서 누구에게 대신 가져다 달라고 부탁을 할 수도 없는 상황입니다. 월말이라 창구에는 기다리는 사람이 시장바닥처럼 가득합니다. 재빨리 뽑은 번호표의 숫자가 486. 창구 앞 도도하게 선 숫자판을 확인합니다. 가장 빠른 번호가 453번. 33명이 앞에 남았습니다. 갑자기 점심 때 먹은 돈가스가 33명의 무게로 뱃속을 누릅니다. 기다리는 것도 지겹지만 시간이 늦어 아내가 공과금을 낼 수 있을지도 걱정입니다.

'신 대리님 때문에….'

순간 짜증이 밀려옵니다. 바로 그때 은행 입구에서 신 대리가 웃으

며 재혁을 향해 걸어오고 있습니다. 재혁은 애써 고개를 돌려 외면
합니다. 그러면서도 신 대리가 안됐다는 생각이 듭니다. 사실 일 처
리를 제대로 못해 후배에게 업무를 넘긴 심정이 오죽하겠습니까. 아
무리 급해도 부장님이 좀 잔인했다는 생각이 듭니다. 그 순간이었습
니다.

"재혁 씨, 이거 받아."

고개를 돌려 보니 신 대리 손에 번호표가 하나 놓여 있었습니다.

'456'

현재 스코어가 453이니까 앞으로 두 명만 더 지나가면 일을 볼 수
가 있습니다.

"아까 나와서 뽑아 놨어. 돈 꼭 찾아야 한다고 했잖아."

순간 구세주를 만난 듯 기쁩니다.

"고맙습니다. 신 대리님."

"아니야, 내가 미안하지. 후배들 보기 사실 부끄러워."

순간 신 대리에 대한 나쁜 감정이 눈 녹듯 사라졌습니다.

"부장님이 너무하셨어요. 그런 거 실수할 수도 있지."

재혁은 갑자기 신 대리의 편이 됐습니다. 가끔 이상한 실수를 하지
만 후배들과 선배들이 신 대리를 좋아하는 까닭이 이해됩니다.

모든 일에 완벽할 수는 없습니다. 그래서 사람들은 실수를 하고 의지와 상관없이 주변에 피해를 줍니다. 그 실수는 어떻게 만회될까요. 완벽하도록 스스로 채찍질을 하는 것만이 아닙니다. 더 중요한 일은 혹시 있을지 모를 주변 피해자에게 작은 배려를 보이는 것입니다.

18

작은 성공의 기억

모범생 스타일인 준호는 입사 시험에서 수석으로 합격했습니다. 회사 직원들의 관심을 한 몸에 받으며 회사 생활을 시작했습니다. 하지만 성공은 성적순이 아니라는 것을 입사 6개월째가 되자 절절하게 느낍니다. 운동도 못하고, 술도 못하는 그가 할 수 있는 것은 오로지 공부. 그 덕분에 큰 기업에 당당히 수석으로 입사했지만 부서 회식 자리가 잦아지면서 자신의 존재가 점점 작아지는 것을 느끼게 됐습니다.

1차는 기본, 2차는 상식, 3차는 의무인 회사의 회식에서 번번이 술을 마다하는 것도 어려웠고 술을 마신 다음 날 이어지는 끈끈한 동료들과의 대화에 그는 껴들 수가 없었습니다. 회식 다음 날까지 이어지는 해장 점심까지 준호에게는 모든 것이 고역이었습니다.

하지만 영식은 달랐습니다. 입사 때는 관심을 받지 못했던 그가 술을 잘 마신다는 이유로 선배들은 그를 챙기기 시작했고, 창립 기념 등반대회에서조차 두각을 나타내며 상사들의 총애를 받는 것이었습니다. 그날 부장님의 말은 준호로 하여금 많은 생각을 하게 했습니다.

"어이, 전준호. 자네는 술도 못 먹지, 운동도 못하지, 일도 못하지. 도대체 할 줄 아는 게 뭔가?"

수석 입사자가 무능력자로 전락하고 있었습니다. 일도 손에 제대로 잡히지 않자 공무원 시험을 준비해야 하는 건 아닌지 고민까지 됐습니다.

회사에 마음을 붙이지 못한 준호는 먼저 취업한 친구에게 조언을 구할 때 메신저를 이용합니다. 직장의 잘못된 술 문화와 음주·가무로 사람을 평가하려는 직장 문화를 지적하면 친구는 '살아남아야 한다'는 것만 강조합니다.

그런데 오늘은 또 다른 메시지를 보냅니다.

"너, 남들보다 노래 잘한다는 소리 듣지 않았냐?"
"그렇지. 남들이 술 마시고 축구하는 동안 기타 치고 노래하는 걸로 스트레스를 풀었으니까."

"그렇다면 노래로 승부를 해 봐. 2차로 노래방 갈 때 멋지게 몇 곡 불러 봐. 매번 술자리를 피하기만 하니 사람들이 네 노래 실력을 알기나 하겠냐?"

사실 술은 마시지 않지만 2차로 노래방까지 따라간 일도 몇 번 있습니다. 하지만 노래방에서도 술을 마셔야하는 분위기 때문에 주눅이 들어 노래를 불러 볼 생각은 하지도 않았습니다. 목석처럼 앉아 있는 준호에게 노래 한 곡 뽑아 보라고 권하는 사람도 없었습니다. 어쩌다 떠밀려 노래를 하게 돼도 분위기 망친다며 마이크를 뺏기기 일쑤였습니다.

드디어 저녁이 됐습니다. 준호는 어수선한 분위기를 타서 1차 회식 자리에서 살짝 빠져나옵니다. 어차피 곤욕스러운 술자리, 그 사이에 노래 연습을 하기로 했습니다. 그는 노래방에 가서 자신이 부를 노래 서너 곡을 선정해 연습해 본 뒤 회식 장소로 갔습니다. 술자리에서 사람들은 이미 관계를 돈독히 한 것처럼 보였고, 준호를 봐도 어디를 다녀왔는지 관심이 없었습니다. 술자리가 파장 분위기에 이르자 부장이 노래방으로 가자며 술값을 계산합니다.

 기분 좋게 취했는지 직원들 모두 흥얼거리며 노래방에 들어섰습니다. 하지만 누가 선뜻 먼저 한곡 뽑겠다고 나서는 사람은 없었습니다.

"제가 먼저 선배님들께 한 곡 선사하겠습니다!"

 순간 노래방이 조용해졌습니다. 그 말을 한 당사자가 바로 준호였기 때문입니다.

"야, 준호. 웬일이야! 그래, 우리 준호 노래 한번 들어보자."

 부장의 적극적인 호응으로 준호의 노래가 시작됐습니다. 첫 곡으로 뽑은 '말 달리자' 로 분위기는 다시 방방 뜨기 시작했습니다. 고등학교 3년, 대학교 4년 동안 술이나 운동 대신 선택한 노래 부르기가 힘을 발휘하는 순간입니다. 회사 생활을 시작하며 생전 처음 뭔가를 해냈다는 성취감도 밀려왔습니다. 준비했던 세 곡뿐만 아니라

최신 유행곡 'Gee', '미쳤어'까지 소화해내자 직원들의 반응은 열광의 도가니였습니다.

그날 이후 회식 때면 마시지 못하는 술에 대해 타박을 받는 일은 없어졌습니다. 대신 다른 사람은 몰라도 2차에는 꼭 데리고 가야 하는 사람이 준호가 됐습니다.

준호는 자신감이 생겼습니다. 회사 업무와 상관없는 노래 부르기가 준호의 회사 생활을 바꾼 것입니다.

얼마 후 회사의 1박2일 워크숍에서도 해외영업팀 대표로 장기 자랑에 나섰습니다. 부장은 전 직원을 상대로 '일 잘하는 사람이 놀기도 잘한다'는 것을 보여 준다며 준호를 소개했습니다. 등산대회 때 못났다고 구박을 하던 그 사람이 아니었습니다.

그가 '말 달리자'를 부르자 장기대회는 갑작스럽게 전 직원 댄스 경연대회로 돌변했습니다.

다른 사람들과 어울리기 힘들 때 자신의 장점을 찾아보세요. 술자리에 어울릴 것 같지 않은 시낭송으로도, 다른 사람들을 배려하는 뒷마무리로도 사람들과 가까워질 수 있습니다.

그러나 본인 스스로가 시도해 보지 않으면 주위에서는 당신에게 어떤 장점이 있는지 아무도 알 수 없습니다. 장점으로 쌓아가는 성공의 경험이 당신을 자신감 있는 사람으로 만들어 줍니다. 그리고 세상이 마치 당신을 중심으로 돌아가는 것처럼 느끼게 될 것입니다.

19

배려의 힘이
세상을 바꿉니다

금요일이면 한 주간 업무 평가와 기타 건의 사항을 이야기하고 듣는 짧은 회의 시간을 갖습니다. 부장의 채찍과 당근이 힘을 발휘하는 치열한 업무 평가에 비해 건의 사항을 말하는 시간은 형식적으로 마무리됩니다.

그러나 오늘은 다릅니다.

한 여직원이 작정했다는 듯 말을 꺼냅니다.

"비상구 계단에서 담배 좀 안 피웠으면 좋겠어요. 냄새도 잘 빠지지 않고 너무 지저분해요."

"아니, 그럼 이 추운 날 담배를 어디에서 피우라는 거야?"

골초인 김 과장이 정색을 하고 나섭니다.

"김 과장님. 여기 금연빌딩 아닌가요? 담배를 피우고 싶으면 밖에 나가서 피우셔야죠. 금연빌딩에서 흡연하면 벌금 나온다는 거 모르시나요? 벌금은 개인이 내는 게 아니고 회사에서 내는 것도 아실 텐데요."

총무부가 5층이다 보니 6층에서 근무하는 여직원들은 비상계단을 자주 이용합니다. 그런데 이 비상계단만 들어서면 쾌쾌한 냄새가 나고, 계단마다 담배꽁초가 담겨 있는 종이컵이 지저분하게 널려져 있어 눈에 보통 거슬리는 게 아니었습니다. 여직원들의 계속되는 항의에 흡연자들은 마치 죄인이 된 듯 앉아 있다가 회의가 마무리됐습니다.

회의가 끝난 후 계단으로 몰려간 흡연자들. 평소에는 거슬리지 않았던, 꽁초가 가득 담긴 종이컵이 왜 그렇게 지저분해 보이는지…. 그 주변으로는 담뱃재와 가루가 흩어져 있었습니다. 흡연자들은 과중한 회사 업무 때문에 쌓이는 스트레스를 유일하게 담배로 푸는데 그마저 누릴 수 없게 된다면 이것 역시 인권침해라며 갑자기 인권운동가가 된 듯 성토합니다. 하지만 아무런 결론도 내리지 못한 채 사무실로 들어가야 했습니다. 막내 사원이 꽁초 정리며, 계단 정리 하는 것으로 암묵적인 합의를 했지만, 그 역시 잘 지켜지지 않았습니다. 수시로 드나드는 비상계단을 회사 업무를 보면서 정리한다는 것이 그리 쉬운 일이 아니라는 것쯤은 압니다.

그런데 그로부터 며칠 뒤 이상하게 담배를 피우러 갈 때마다 늘 깨끗한 컵이 놓여 있는 것이 눈에 띄었습니다. 종이컵이 부족하다 싶게 꾸역꾸역 밀어 넣은 재떨이용 종이컵은 이제 보이지 않고 깨끗한 종이컵이 계단 한구석에 놓여져 있는 것입니다. 흡연자들 사이에서는 청소하는 아줌마가 성격 깔끔한 사람으로 바뀌어서 흡연 분위기도 좋아졌다며 흐뭇해 하는 대화가 오고갑니다. 그러다보니 주위에 재를 터는 것도 조심스러워졌고, 비상계단을 지나다니는 여직원들의 눈빛도 예전처럼 쌀쌀맞지 않았습니다. 깨끗한 컵이 놓여 있다는 사실이 사람들의 마음부터 다르게 만들었습니다.

어느 날 청소하는 아줌마가 지나갈 때였습니다. 흡연자 중 막내인 김명수가 고맙다는 말을 전하고 싶었던 차에 마주치게 됐습니다.

"여기에 늘 컵을 바꿔 주셔서 계단 분위기가 좋아졌어요. 사무실 분위기도 좋아지고요. 고맙습니다."

"이거 내가 바꿔 놓은 거 아니에요. 아직 모르나 보네…."

옆에 있던 신정환이 그 이야기를 듣고 깜짝 놀랍니다. 아줌마 말로는 어떤 여직원이 서류를 들고 왔다 갔다 할 때마다 종이컵을 들고 다니면서 바꾼다는 것이었습니다. 그때 마침 경쾌한 여직원의 발자

백 마디 말보다 한 줄의 짧은 편지

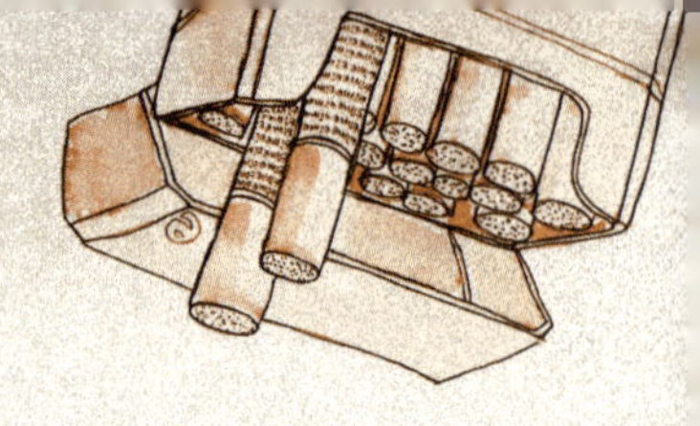

국 소리가 들렸습니다.

"바로 저 아가씨야."

계단을 올라오는 남궁미애를 바라본 두 사람의 목소리는 높아졌습니다. 그러나 그 여직원은 그냥 웃을 뿐이었습니다.

"이거 미안하네. 앞으로 우리가 자주 바꿔 놓을게."

"그래, 그래. 담배 피는 우리가 치워야지."

멋쩍은 듯 두 사람은 말합니다.

그러자 남궁미애는 말합니다.

"가능하면 끊으세요. 건강도 생각하셔야죠."

다정함이 묻어나는 그녀의 목소리에 두 사람은 더욱 미안해졌습니다.

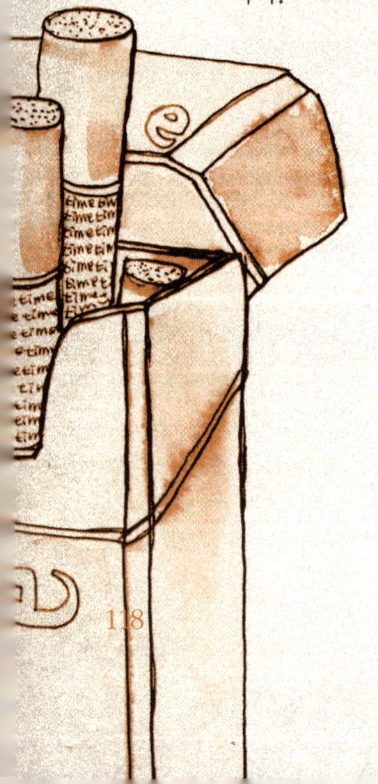

공동체 안에서는 항상 문제가 드러나기 마련입니다. 또한 그 문제를 지적하기는 쉽지만 해결하기 위해 도와주기는 어렵습니다. 그러나 문제를 지적하기에 앞서 먼저 도와주고자 한다면 큰 불만도 이해하게 되고 서서히 고쳐지게 될 것입니다. 다른 사람의 잘못된 점이 눈에 띈다면 그 사람을 먼저 이해하고 도와줘 보세요.

20.
성격과 바꾼
샤프 한 자루

경식이는 학교에서 친구들과 자주 부딪칩니다. 감정 절제가 힘든지 자신의 생각대로 되지 않거나 의견이 맞지 않으면 일단 화부터 냅니다. 엄마와 아빠가 이혼을 해 집에서 경식이를 돌봐 주는 사람은 할머니뿐입니다. 아빠는 돈 벌기 위해 지방에 자주 가기 때문에 경식이와 놀아 줄 시간도 없습니다. 초등학교에 들어오기 전부터 엄마와 함께 지낸 기억도 없습니다. 그래서 경식이를 따뜻하게 돌봐 주거나 고민을 들어 주는 가족이 없어 경식이는 항상 외롭습니다.

그러던 어느 날이었습니다. 경식이가 친구의 샤프를 막무가내로 빼앗으려고 해 또 싸움이 생겼습니다.

"경식아, 친구 물건을 함부로 가져가거나 빼앗으면 되겠니? 뒤에 가서 손을 들고 서 있도록 해라!"

"네…."

모기만 한 목소리로 대답한 경식이는 교실 뒤로 갑니다.

선생님은 항상 부족함을 느끼는 경식이가 불쌍한 것은 알지만 윤리의식과 도덕심을 심어 주기 위해서는 어쩔 수 없이 야단을 쳐야 했습니다. 게다가 친구의 물건을 함부로 탐내는 버릇을 고쳐 주지 않다가는 그 아이의 인생관이 어떻게 될지 알 수 없는 노릇이었습니다.

"손 내려."

30분 정도 지난 후 손을 내린 경식이는 뭔가 억울하다는 듯 선생님께 물어봅니다.

"선생님, 그런데 저도 샤프를 갖고 싶어요. 여러 개 갖고 있는 친구가 하나만 주면 안 되나요?"

순간 가정 형편이 어려워 샤프 한 자루 갖지 못한 경식이가 불쌍해 선생님은 할 말을 잃습니다. 세상에 나쁜 아이는 없습니다.

"그랬구나. 경식이가 샤프가 정말 갖고 싶었구나."

"네, 할머니가 돈이 없다고 안 사 주세요. 제가 갖고 있는 연필들도 거의 몽당연필이에요."

선생님은 아이를 위해 무엇을 해 주는 게 좋을지 한참 생각했습니다. 그리고 경식이에게 조용히 말합니다.

"경식아, 그럼 선생님이 너에게 샤프를 선물로 줄게."

"정말이요? 와, 정말 신난다!"

"그런데, 공짜로는 못 주겠어."

"선생님, 샤프만 주시면 제가 공부도 열심히 할 거예요."

경식이는 신난 듯 말합니다.

"그럼, 너도 나에게 선물을 주렴."

그 말을 듣자 경식이는 갑자기 기운이 빠집니다. 할머니에게 말해 봤자 선물 살 돈은 받을 수 없다는 것을 알기 때문입니다. 그런 돈이 있었다면 벌써 샤프를 샀을 텐데요.

"교실 청소하기, 이런 건 안 될까요."

걱정하는 아이와 달리 선생님은 웃는 얼굴로 아이를 바라봅니다.

"너의 화내는 성격을 내게 선물로 주렴."

선생님의 말을 들은 경식이는 한동안 말을 못합니다.

"그게 어떤 건데요?"

"화내는 성격을 나에게 선물로 주면 이제 그건 내 것이 되는 거야.

그러니까 너는 앞으로 화를 내면 안 돼. 그럼 선생님한테 주는 선물을 다시 가져가는 게 되잖아."

경식은 자신의 나쁜 버릇이 선물이 될 수 있어 신기했고 선생님께 뭔가 드릴 수 있다는 것도 기뻤습니다.

"마음대로 하세요."

"그럼 그 화내는 성격은 내 것이니까, 이제부터 허락 없이 함부로 사용해서는 안 되는 거다."

샤프가 생긴 경식이는 그 뒤부터 열심히 공부했습니다. 미끄러지듯 써지는 샤프 쓰는 재미에 수학 문제도 열심히 풀고, 국어 숙제도 잘 했습니다. 예전처럼 숙제를 안 해가는 일은 없었습니다.

그러던 며칠 뒤 지나가던 친구가 책상을 치는 바람에 샤프가 바닥에 떨어졌습니다. 가장 소중하게 생각하는 물건이 떨어지자 경식이는 화가 났습니다.

"야, 너 왜 치고 가는 거야!"

"미안해. 지나가다가 실수로 그런 거잖아. 그렇다고 그렇게까지 화낼 건 없잖아!"

떨어뜨린 샤프를 주워 줬는데도, 심하게 화를 내는 경식이를 친구는 이해할 수 없다는 듯 쳐다봅니다.

"이게, 정말!"

순간 경식이는 주먹을 불끈 쥐었습니다. 그런데 갑자기 경식이의 눈에 샤프가 들어왔습니다.

"그럼, 그 화내는 성격은 내 것이니까, 이제부터 허락 없이 함부로 사용해서는 안 되는 거다."

화내는 성격을 선생님께 드린 대신 샤프를 받은 경식이는 선생님이 하신 말씀이 생각나 다시 정신을 차렸습니다. 경식이는 그냥 자리에 앉아 샤프를 털고 다시 수학 문제를 풀기 시작합니다. 숙제인 수학 문제를 열심히 풀어야 선생님이 샤프심을 주기 때문입니다. 그리고 친구와 싸운다면 선생님께 드린 선물을 다시 가져오는 것이 되기 때문에 경식이는 참기로 했습니다. 선물을 뺏기는 것도 서운한 일이지만, 선생님께 드린 선물을 다시 가져오기는 더더욱 싫었기 때문입니다. 아직까지는 그것밖에 선생님께 드린 선물이 없기 때문입니다.

19세기 독일의 신동인 칼 비테는 서너 살에 독일어를 쓸 수 있었고, 그 후 어린 나이에 이탈리아어, 프랑스어, 라틴어를 유창하게 읽었습니다. 열여섯 살에 법학박사 학위를 받았고 곧 이어 베를린대학의 교수가 됩니다. 칼 비테의 부모는 그에게 특별한 교육을 시키지는 않았다고 합니다. 그저 아이가 필요로 할 때 충분히 놀아주었다고 합니다. 아이가 필요한 것, 그것은 그 아이와 함께 해 주는 시간과 관심입니다. 사랑을 표현해 주며 생활 틈틈이 관심을 갖고 있다는 확신을 갖게 하는 것, 그것이 아이의 인생을 바꿀 수 있는 선물이 됩니다.

백 마디 말보다 한 줄의 짧은 편지

21

소도둑을 막은
쪽지 한 장

밖에서 놀던 영철이가 부리나케 집으로 들어오며 엄마를 찾습니다. 친구인 태수가 닭 꼬치를 먹자 입이 동한 것입니다. 엄마에게 천 원만 달라고 할 작정입니다. 안 주면 떼쓸 각오로 힘차게 "엄마"를 외치며 현관문을 열고 들어왔습니다.

그런데 영철이를 맞이한 건 커튼이 닫힌 어둡고 적막한 거실의 가재도구였습니다. 기대했던 "왜?"라는 엄마의 메아리는 없습니다.

"에이, 어디 간 거야? 닭 꼬치 먹고 싶은데…."

실망한 눈빛으로 방문을 열어 보고, 화장실 문을 열어 보다가 식탁 위에 얌전히 놓인 지갑을 발견합니다. 빨간 가죽에 금색 장식이 달린 엄마의 지갑입니다.

영철이의 발이 스르르 식탁 앞으로 미끄러지듯 움직입니다. 발이 멈추자 이번엔 기다렸다는 듯 두 손이 지갑을 들어 단추를 풉니다. 펼쳐진 지갑 사이로 천 원짜리와 만 원짜리 몇 장이 눈에 들어옵니다.

"에이, 모르겠다."

영철이는 지갑에서 천 원 한 장을 빼 주머니에 넣고 냅다 현관을 뛰쳐나갑니다. 나중에 엄마에게 말하면 된다고 생각하고 친구가 가기 전에 얼른 닭 꼬치 집으로 뛰어갔습니다. 친구와 함께 먹는 닭 꼬치 맛이 정말 맛있다는 것을 초등학교 4학년인 영철은 잘 압니다.

저녁 때 다시 현관문을 열고 집으로 들어서자 실내는 따뜻했습니다. 해가 서쪽으로 조금씩 넘어가 밖은 어두웠으나 커튼이 열리고 불이 밝혀진 실내는 환했습니다. 이내 엄마가 왔다는 것을 알 수 있었습니다.

"아이구, 우리 씩씩이. 잘 놀고 왔어?"

"네, 그런데 엄마…."

영철이는 돈 가져간 사실을 말하려다 멈춥니다.

"왜? 우리 영철이 할 말 있어?"

"아니, 아니야. 엄마 배고파. 밥은 언제 줄 거야?"

"아빠가 어린이집에서 동생 데리고 곧 오실 거야. 그때 같이 먹자."

“알았어.”

영철이는 엄마의 지갑을 만졌다는 걸 말하면 오히려 야단맞을 것 같았습니다. 평소에 군것질하는 것도 별로 안 좋아하던 엄마였으니까요. 그리고 엄마는 지갑에서 돈이 없어졌는지도 전혀 모르고 있는 듯 했습니다. 괜히 말해서 야단맞을 필요는 없다고 생각했습니다. 다음부터는 엄마에게 직접 용돈을 받아서 사 먹으면 된다고 생각했습니다.

그런데 몸에 좋지 않거나 정신 건강에 나쁜 것일수록 이상하게 중독성이 강합니다. 어른이나 아이나 마찬가지입니다. 다만 다른 것은 어른의 경우 그 규모와 위험성이 더 크다는 것입니다.

학교 공부가 끝나고 학원에 가기 전 잠깐 집에 들르면 자꾸 엄마의 빨간색 지갑에 영철의 눈이 매달립니다. 그리고 그 안에 가득한 천 원짜리 지폐와 만 원짜리 지폐가 머릿속에 아른거립니다. 거의 동시적으로 그 돈으로 할 수 있는 일들과 먹을 수 있는 것들이 스쳐 지나갑니다.

‘이러면 안 되는데’ 라는 생각과 달리 영철이의 손은 지갑을 향해 뻗습니다. 지갑의 단추가 ‘툭’ 하고 열리는 순간 심장이 멎을 것 같은 긴장이 쏟아집니다. 그러다가 열린 지갑 사이로 삐죽 지폐가 그 끝자락을 드러내면 묘한 성취감이 몰려옵니다.

‘늘 이번이 마지막이야’ 를 되새기며 현관문을 내달리지만 얼마 후 또다시 엄마 지갑 앞에 선 자신을 발견합니다.

그러던 어느 날 영철이는 다시 엄마의 지갑을 열었습니다. 그런데 그 안에 천 원이라고 쓰인 지폐는 없고 만 원짜리 서너 장만 있었습니다. 단 한 번도 만 원짜리를 건드린 적은 없었습니다. 그러나 천 원이 없는 상황에서 선택할 여지는 없습니다. 이미 달리기 시작한 영철이는 멈출 수가 없었습니다. 과감히 만 원짜리 한 장을 꺼냅니다.

혼자 닭 꼬치 사먹는 것도 좋지만 친구들에게 한 개씩 사주고 왕 대접 받는 것도 괜찮습니다. 영철이는 만 원으로 아이들에게 닭 꼬치를 사 줍니다. 자기 몫만 챙겨먹다가 아이들에게 인심도 쓰게 되니 어깨까지 으쓱해졌습니다.

“영철아, 저기 새롭게 생긴 집 피자가 그렇게 맛있대.”

“얼만데?”

“만이천 원. 너 돈 있지? 좀 사 줘.”

피자가 눈앞에 아른거리는 동시에 엄마의 빨간 지갑이 떠올랐습니다. 엄마 지갑은 이제 영철의 욕망을 채우는 창고가 됩니다.

기회를 보던 영철이는 며칠 뒤 엄마가 화장실에 간 사이 지갑 옆으로 빠르게 이동, 그 위에 손을 올리고 주변을 살핍니다. 그 솜씨가 이제 제법입니다. 첩보 영화의 주인공 모습이 순간 영철이의 머릿속에 빠르게 스칩니다.

그런데 집어든 지갑이 유난히 가볍게 느껴집니다. 순간 기분이 묘합니다.

'이상한데….'

뭔가 달라졌다는 생각이 듭니다. 그 생각은 영철이의 무의식에 쌓였던 불안을 더 크고 무겁게 만듭니다. 심장은 유난히 쿵쾅거립니다. 그러나 관성의 법칙에 따라 손은 이미 지갑의 단추 위에 올라가 있습니다.

"툭."

지갑 열리는 소리가 그날따라 천둥소리처럼 요란합니다. 긴장과 함께 지갑을 여는 순간 영철이의 입에서 신음 같은 한마디가 나옵니다.

'이게 뭐야….'

텅 빈 지갑에 돈은 고사하고 많이 꽂혀 있던 엄마의 신용카드도 없습니다. 영철이는 계략에 속아 함정에 빠진 첩보영화 주인공을 상상합니다. 빠르게 지갑을 닫으려는 순간 꽂혀 있는 하얀 종이가 눈에 들어옵니다. 그 종이를 꺼내 읽습니다.

‘바늘 도둑이 소도둑 된다. – 엄마가’

화장실에서 변기의 물 내리는 소리가 납니다. 엄마가 금세 나와 혼낼 것 같습니다. 깜짝 놀란 영철이는 부리나케 지갑을 닫고 도망치듯 현관으로 뛰어나갔습니다.

그런데 놀이터를 향해 달리던 영철이는 갑자기 멈춰 선 뒤 손을 내려다봅니다. 급하게 나오는 바람에 종이를 그대로 갖고 나왔습니다. 멍하니 쪽지를 한참 봅니다.

그날 저녁 영철이는 엄마에게 손이 발이 되도록 싹싹 빌며 용서를 구했습니다. 놀이터에서 수십 번은 연습한 ‘죄송합니다. 다시는 안 그러겠습니다’는 말도 정말 사력을 다해 진지하게 했습니다. 엄마는 훌쩍 자란 아들이 귀엽다는 듯 그저 웃기만 하셨습니다.

“보이지 않는다고 심장이 없는 게 아니란다. 쪽지는 평생 간직하고 심장이 유난히 떨릴 때 꺼내 보거라.”

엄마가 마지막에 했던 한마디입니다. 영철이가 무엇을, 어떤 표정과 기분으로 했는지 다 아시는 말투였습니다. 그 쪽지는 지금도 그의 서랍 깊은 곳에 있습니다. 물론 영철이의 좌우명은 ‘바늘 도둑이 소도둑 된다’입니다.

사람들은 때때로 무척 잘못된 길을 걷기도 합니다. 따끔하게 혼내야 한다는 생각이 들죠. 그런데 백 마디 꾸지람보다 한마디 진심이 담긴 쪽지가 더 큰 변화를 가져올 수 있습니다. 변화는 내 말이 아닌 당사자의 가슴이 만들기 때문입니다.

가슴을 울리는 한마디가 백 마디 잔소리보다 낫습니다. 잔소리하고 싶은 생각 백 번을 가라앉힌 뒤 하고 싶은 말이 굴뚝같이 많더라도 그 마음을 작은 쪽지에 짧게 적어 전해 보세요. 진심은 짧은 말 한마디를 통해서도 전해집니다.

22

호두과자 한 봉지

기숙학원은 군대를 닮았습니다. 아침 6시면 어김없이 기상나팔이 울리고 점호도 합니다. 점호가 끝나면 학생들은 식당으로 이동합니다. 군대보다 엄격한 게 교도소 같습니다. 잠이 덜 깨 입맛 없는 학생은 식판을 두고 잠시 졸기도 합니다.

수업은 오전 8시에 시작해 저녁 늦게까지 이어지며 8시간 정규 수업과 5~6시간 자율학습으로 구성되어 있습니다. 불시에 시험도 보고, 점수가 나쁘면 체벌노 있습니다. 그래서 스파르타식 학원이라 부릅니다.

여기에 오는 학생은 크게 두 부류입니다. 스스로 온 사람과 억지로 끌려온 사람. 재수생 두식은 후자에 속합니다. 집에서 빈둥거리는 아들을 아버지가 끌고 와 집어넣었습니다. 강제로 온 만큼 공부에 흥미를 보이지 않습니다. 수용소 같은 삶이 지옥이란 생각도 듭니다.

"이거, 군대도 아니고…."

대학도 좋지만 이런 식으로 공부해야 한다는 것이 짜증납니다. 잠이 많은 두식에게는 특히 6시 기상이 악몽입니다. 더불어 정말 싫은 건 일거수일투족을 살피는 CCTV입니다. 부모는 집에서도 인터넷을 통해 아이들을 볼 수도 있다고 합니다. 오로지 진학을 위해 '공부 감옥' 같은 기숙학원에서 아이들은 살아갑니다.

두식은 2주에 한 번 집에 올 때마다 학원을 그만두겠다고 조릅니다. 그러나 아버지는 완고합니다.

그렇게 두 달이 지난 2월 끝자락. 집에 온 두식은 학원에 가고 싶은 생각이 더 이상 없습니다. 저녁 8시까지 학원에 복귀하기 위해 시외버스 터미널에 섰지만 차마 버스에 올라타지 못합니다. 한참을 멍하니 있던 그는 무작정 거리를 헤맵니다.

바람이 불어 쌀쌀하고 밤하늘은 잔뜩 찌푸려 있습니다. 검은 먹구름은 금방 하얀 눈을 쏟아낼 듯합니다. 참 신기한 건 검은 먹구름이 새하얀 눈을 만든다는 겁니다.

'먹구름 같은 내가 흰 눈이 될 수 있을까?'

불현 듯 이런 생각을 합니다. 그러다 고개를 좌우로 흔듭니다.

밤중이 돼 두식은 다시 집으로 갑니다. 학원의 연락을 받은 아버지가 무서운 얼굴로 기다리고 있습니다.

"어디 다녀오니? 학원은 왜 안 갔니?"

걱정 반 배신감 반 표정의 아버지가 묻습니다.

"도저히, 도저히 버스를 못 타겠더라고요. 그냥 여기저기 걷다 왔어요."

두식은 눈물이 나는 걸 참았습니다. 아버지도 한참 말을 잇지 못합니다.

"빨리 자라, 내일 새벽에 가도록 하자."

아버지는 이 말만 남긴 채 방으로 갑니다. 두식은 어떻게든 매달리고 싶었으나 타이밍을 놓칩니다.

다음날 새벽 다섯 시. 아버지가 방문을 두드립니다.

"일어나라, 수업시간 늦지 않게 데려다 주마."

"…."

두식은 졸린 눈을 비빈 채 어쩔 수 없이 따라나섭니다. 가방을 메고 현관을 나섰을 때 아버지는 이미 출발 채비를 끝낸 후 차에 계셨습니다. 문을 열고 들어선 차 안은 따뜻했습니다.

두식은 타자마자 눈을 감고 잠을 청합니다. 아버지와 말을 섞기 싫어서입니다. 그러나 잠은 오지 않습니다. 창 쪽으로 얼굴을 돌려 가끔 밖을 봅니다.

서울을 벗어나니 눈이 내립니다. 유리창에 부딪혀 녹는 눈이 그의 마음을 더 슬프게 합니다. 휴게소가 보이자 아버지는 바퀴에 체인을 감기 위해 들어갑니다.

'달그락. 달그락.'

체인 감는 소리가 차체를 타고 귓속으로 들어옵니다. 문득 어릴 적 시소에 귀를 대고 반대편 친구가 돌 두드리던 소리를 들었던 기억이 스칩니다.

'도와 드려야 하나, 말아야 하나.'

자는 척하는 건 사실 고욕입니다. 아버지가 밖에서 고생하고 있는 걸 생각하니 마음이 더 불편합니다. 그러나 이내 생각을 바꿉니다.

'치, 고생 좀 하시라고 하지….'

그런데 잠시 후 소리가 멈췄습니다. 짧은 멈춤일 것으로 예상했으나 빗나갑니다. 한참 동안 주변이 조용합니다.

'화장실에 가셨나?'

해가 떠오르며 밖이 환해지기 시작합니다. 고개 들어 상황을 확인하고 싶었으나 왠지 엄두가 나지 않았습니다. 그런데 갑자기 차 문이 열리며 매운바람이 몸을 타고 옵니다. 고개를 들고 눈을 떠 보니 떠오르는 태양을 등진 아버지 얼굴이 보였습니다.

'자는 척한다고 화가 나셨나?'

순간 두식의 머리에 스친 생각입니다. 그때
아버지는 장갑 낀 손으로 봉투 하나를 쑥 내
밉니다. 두식이 엉겁결에 받아듭니다.

"체인이 잘 안 감긴다. 아침도 못 먹었는데 이거라
도 먹고 있어라."

그러고는 '쾅' 하고 문이 닫힙니다. 잠시 적막이 흐르더니 다시
체인 감는 소리가 들렸습니다.

그제야 두식은 봉투에 무엇이 들었는지 확인해 봐야 한다는 생각
을 합니다. 그런데 굳이 봉투를 열어볼 필요는 없습니다. 겉에 '호두
과자' 란 네 글자가 선명합니다.

순간 손을 타고 오는 따뜻함과 봉투 위로 전해 오는 고소함이 머리
를 혼란스럽게 합니다. 체인 감는 소리가 이번엔 의자를 타고 심장
을 파고듭니다. 옳든 그르든 간에 일단 죽도록 해봐야 한다는 생각
이 그의 머리를 지배합니다.

벤처 기업으로 성공한 김두식 사장은 지금도 힘들고 어
려울 때면 고속도로를 달려 휴게소에 갑니다. 그리고
뜨거운 호두과자를 사 먹습니다. 그러면 호두과자를 전
해 주던 그날의 아버지 모습이 떠오르고, 대학에 들어간
날 눈물 흘리던 당신의 모습이 생각납니다. 그리고 나면 세

상에 못할 게 없다는 그날의 자신감이 또다시 핏줄을 타고 솟아오릅니다.

 사람은 자기 자리에서 사물을 봅니다. 정성을 다했는데 아이들이 실망스런 행동을 한다고 부모는 불평합니다. 아이는 부모가 자신을 이해 못한다고 투덜거립니다.

회사에서도 마찬가지입니다. 사장님은 직원들이 빈둥거리며 월급만 축낸다고 볼멘소리를 합니다. 직원은 월급은 적게 주면서 일만 많이 시킨다고 불평합니다.

그런데 속담처럼 미운 놈한테 떡 하나 더 줘 보십시오. 상대가 얄미울 때 감정을 절제하고 작은 선물을 전해보세요. 고맙다는 말을 안할 수도 있습니다. 그러나 마음의 벽엔 작은 균열이 생깁니다. 그 균열은 조금씩 커져 언젠가 벽을 무너뜨립니다.

화성남자와 금성여자를 이어주는 한마디 ^{23.}

드디어 내일이 도배하는 날. 그런데 남편이 갑작스레 출장을 떠나야 합니다. 아내 혼자 해야 하는 어쩔 수 없는 상황이 됐습니다. 그래도 즐겁습니다. 아주 작지만 처음으로 내 집이 생겼고 그집 벽에 예쁜 벽지를 바르는 날이기 때문입니다.

"인테리어 업자 부르지?"

출장에 앞서 남편이 한마디 합니다.

"됐어, 돈 아깝게. 대석이하고 둘이 하면 돼."

대석이는 아내의 남동생 이름입니다. 탕수육과 자장면을 미끼로 아내는 남동생에게 부탁했습니다. 집은 넓지 않아 도배하는 것이 그리 큰일은 아닐 것 같았습니다.

그런데 다음날 남동생이 일이 생겼다며 오지 않았습니다. 결국 모든 걸 혼자 해야 하는 처지가 됐습니다. 업자를 부를까 고민하다 그냥 혼자 해보기로 합니다. 그런데 일을 하다 그만 허리가 삐끗했습니다. 너무 무리를 한 탓입니다. 이사가 끝난 뒤에도 며칠을 누워 있어야 했습니다.

출장에서 온 남편은 그런 아내를 안쓰럽게 바라봅니다. 위로의 말이 나올 것으로 아내는 기대합니다. 그런데 남편 입에서 나온 한마디가 아내의 마음을 상하게 합니다.

"미련스럽게 그걸 혼자 했어? 그러기에 인테리어 업자 부르라고 했잖아."

그 한마디가 아내의 심장에 못을 박았습니다. 화가 난 아내도 삐딱하게 쏘아붙칩니다.

"쥐꼬리만 한 월급으론 이사 비용도 빠듯한데 어떻게 도배에 사람을 써! 돈만 펑펑 벌어다 줘 봐. 내가 왜 그 미련한 짓을 하니. 다 당신 때문이야."

순간 남편 얼굴이 붉으락푸르락합니다. 오랜만에 그것도 새로 이사 온 집에서 나눈 부부간 대화치곤 고약합니다. 더 있다간 싸움이 커질 듯해 남편은 자리를 털고 밖으로 나갑니다.

아내 역시 아래 입술을 지그시 깨물고 상한 마음을 다스립니다.

'고생했다', '힘들었지' 한마디면 아픈 허리도 싹 나을 것 같은데, 평생 낫지 않아도 견딜 만할 것 같은데, 남편은 그 짧은 한마디를 못 합니다.

얼마 뒤 추석이 다가왔습니다.

"집도 장만했으니 이제부터 시아버지 제사는 너희 집에서 지내도록 해라."

시골의 시어머니 말씀입니다.

"네, 알겠어요."

제사를 지내는 게 보통 일은 아닐 것입니다. 그러나 아내는 새롭게 장만한 집의 집들이를 겸한 일이라 들뜬 마음으로 준비를 했습니다. 얼굴도 뵙지 못한 시아버님이지만 효도를 한다는 마음에 기분도 좋았습니다.

아내는 새벽에 장을 보고 종일 정성껏 음식을 준비했습니다. 처음이라 모르는 것이 많아 실수도 잦았습니다. 힘이 두 배로 드는 듯했습니다.

그런데 제사를 마치고 친척들이 집으로 돌아간 뒤 남편은 무엇이 불만인지 인상을 쓰고 있었습니다. 아픈 허리의 고통을 참고 고생한 아내는 너무 어이가 없었습니다. 그래서 왜 그런지 물었습니다. 그런데 남편의 대답이 걸작입니다.

"몰라서 물어?"

"왜?"

"준비한 제사 음식이 왜 이리 엉망이야? 그동안 뭘 배웠어? 엉망이 됐으면 미안하다는 말을 해야지."

아내는 기가 막혔습니다.

아내는 남편에게 '당신이 이렇게 잘할 줄 몰랐어. 고마워'라는 환한 미소가 담긴 칭찬을 듣고 싶었습니다. 그런데 기대와는 정반대의 말을 듣게 됐습니다.

"당신은 처음부터 잘할 수 있어? 그랬으면 당신이 일찍 들어와 도와주면 되지. 하루 종일 고생한 사람한테 결국 그따위 소리야!"

아내는 화를 냈고 남편은 버럭 소리쳤습니다.

"장남에게 시집와서 이 정도 하는 건 당연한 일인데 무슨 대단한 일이라도 한 것처럼 그래?"

그 말을 남기고 남편은 밖으로 나가 버렸습니다. 그렇게 싸우고 일주일 넘게 서로 말도 하지 않았습니다. 아내는 몸살까지 앓았습니다. 피로가 쌓인 탓도 있겠지만 남편이 맘을 상하게 한 것도 큰 원인입니다. 아내는 남편이 정말 꼴도 보기 싫었습니다. 아침밥도 차려 주지 않습니다.

남편은 남편대로 불만이 커져갔습니다. 부부 싸움은 사실 사소한 곳에서 출발합니다. 그러나 제때 마무리가 되지 않으면 눈덩이처럼 커지고 급기야 갈라서기까지 합니다.

그날도 오랜만에 일찍 일이 끝난 남편은 집에 가기 싫어 친구와 술을 마시며 아내의 미련함과 모자람에 대해 험담을 하고 있던 중이었습니다.

"야, 핸드폰 줘 봐."

그런데 갑자기 친구가 손을 내밀며 말합니다.

"왜?"

남편은 의아한 표정으로 묻습니다.

"잔말 말고 일단 줘 봐."

남편은 엉거주춤한 자세로 바지에서 핸드폰을 꺼내 친구에게 줍니다. 그러자 친구는 장난기 가득한 표정을 지으며 버튼을 꾹꾹 눌러 문자 메시지를 보냅니다.

'이 자식이 남의 핸드폰으로 뭘 장난을 하는 거야?'

잠시 후 친구가 핸드폰을 돌려줬고, 남편은 누구에게 문자를 보냈는지 확인에 들어갔습니다. 그런데 갑자기 표정이 굳어진 남편은 험상궂은 표정과 화난 목소리로 묻습니다.

"야 인마, 너 뭐라고 문자 보낸 거야?"

핸드폰에는 아내의 번호가 찍혀 있었던 것입니다.

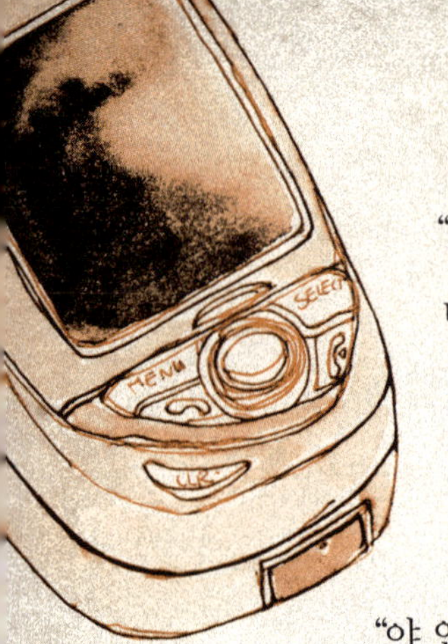

“그동안 열심히 고생해 줘서 고맙다는 말을 적어서 보냈
다. 왜, 잘못했냐?”

친구는 남편을 나무라는 표정으로 말합니다. 남편이
머리가 멍해 잠시 입을 다물고 있는 사이 친구가 말을 이
어 갑니다.

“야 인마. 논리적으로 따지며 설득하려 하지 말고, 그냥 ‘고맙
다’ 한마디만 해. 그럼 상황 끝이야. 남자들 연애할 땐 그렇게 그 말
잘 하더니만 결혼하곤 입을 딱 닫아 버리더라. 그러면 안 돼.”

그 순간 아내에게 답장이 왔습니다. 생각보다 아주 빠른 속도로 아
내가 반응을 한 것입니다.

문자를 읽던 남편의 표정이 밝아집니다.

“뭐라고 썼니?”

궁금한 친구가 묻습니다. 남편은 친구에게 핸드폰을 내밉니다.

‘아니야. 당신이 밖에서 고생하는데 내가 바가지만 긁었던 것 같
아. 미안해, 그리고 사랑해.’

핸드폰은 그런 말을 담고 있었습니다.

“거봐. 내 말이 맞지. 간단히 해결된다고 했잖아.”

친구는 마치 자신이 대단한 인물이라도 된 듯 어깨를 으쓱거리며
말합니다.

화성과 금성을 연결하는 것은 무엇일까요. 만유인력일까요. 신의 뜻일까요. 정답은 '따뜻한 한마디' 입니다.《화성에서 온 남자와 금성에서 온 여자》 이야기입니다.

따뜻한 말 한마디면 금성에서 온 여자들은 모든 걸 잊고 즐거워할 수 있답니다. 사실 결혼 전엔 화성에서 온 남자들도 참 잘했던 일입니다.

아내의 혹은 남편의 험담을 친구가 쏟아내고 있다면, 일단 핸드폰을 빼앗으세요. 그리고 친구 대신 '고맙다' 는 문자를 보내 주세요. 사태가 극적으로 개선될 수 있지 않을까요?

BY AIR MAIL
Ink

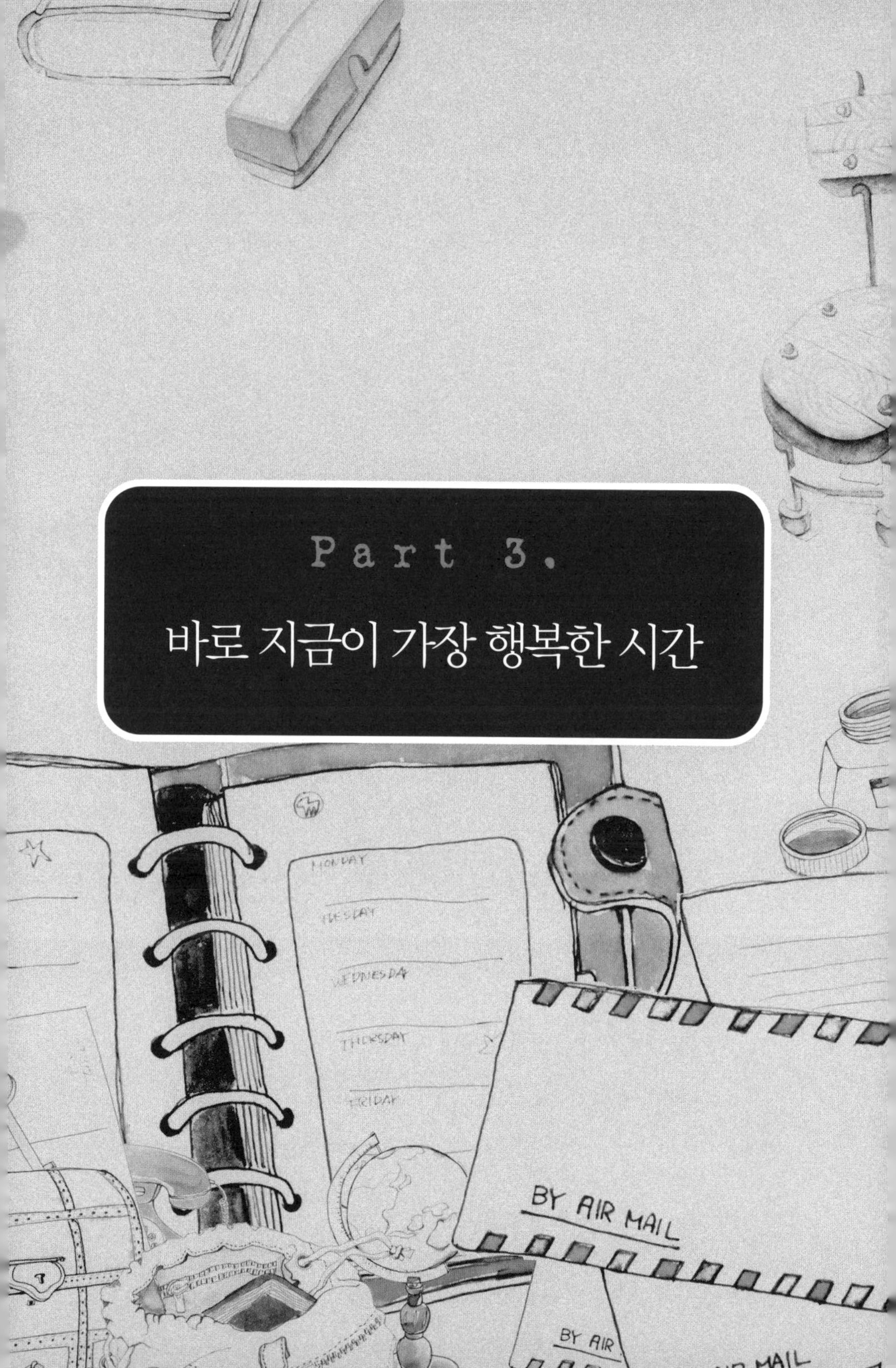

Part 3.
바로 지금이 가장 행복한 시간

24. 바로 지금이 가장 행복한 시간입니다

"김형철 씨와 거래처 좀 다녀오겠
습니다.

"실적 마감은 했나?"

"거래처에서 꼭 보자고 해서요. 다녀와서 하겠습니다."

팀장 허락이 떨어지자 고참인 정진우 대리는 후배 형철과 문을 나
섭니다.

6월 말 오후 세 시의 거리 풍경은 덥습니다. 땀 흘리며 어디론가 걸
어가는 사람 옆으로 에어컨과 연결된 환풍기가 후끈합니다.

"날씨 더운데 사우나나 갈까…."

정 대리가 뜬금없이 사우나 얘길 꺼냅니다.

"거래처 가신다면서요?"

“핑계지. 앉아 있으니까 일하기가 싫더라고. 하하하.”

“정 대리님은 왜 일할 시간엔 놀고 싶어 하고 또 놀면 일 걱정하고, 그러세요?”

“내가 그런가? 하하하.”

사실 남들 일할 때 살짝 노는 것도 기분 나쁜 일은 아닙니다. 다시 돌아갈까 하다가 정 대리를 따라갑니다. 사우나에 간 형철은 시원한 냉탕에서 더위를 식힙니다.

“팀장이 거래처에 전화해 보는 건 아니겠지? 여기 앉아 있으니까 걱정되네. 마감 언제 끝낼지도 불안하고.”

“일단 들어왔으면 시원하게 사우나 하세요.”

“그래야 하는데 말이야….”

목욕을 끝낸 둘은 시원하게 음료수를 한 잔씩 마십니다.

“개운하네요.”

“아니, 형철씨는 나올 때 신경질 내더니 나보다 더 열심히 목욕하네.”

“제 신조가 ‘놀 땐 놀고 할 땐 하라. 피할 수 없으면 즐겨라’ 이겁니다.”

"휴가는 어디로 갈지 결정했어? 사무실에 앉아 있으면 휴가를 어디로 갈지 고민이 돼서 말이야."

정 대리가 갑자기 휴가 얘기를 꺼냅니다.

"한 달 남은 일을 벌써 걱정하세요?"

"미리 고민해 놔야지."

"그래서 결정하셨어요?"

"아니, 고민만 하고 있어."

"대리님은 휴가 가서는 아마도 휴가 끝나고 회사 돌아갈 걱정 때문에 즐기지도 못 하실 걸요?"

"어떻게 알았어? 그런데 팀장이 거래처에 전화해 보진 않았겠지?"

"걱정되시면 한 번 전화해 보세요."

"아참, 그러면 되지."

정 대리는 다이얼을 돌려 거래처와 통화를 합니다.

다행히 아무 일 없습니다. 둘은 다시 사무실에 돌아옵니다.

"갔던 일은 잘 해결했나?"

"네."

정 대리는 씩씩하게 대답하고 자리로 돌아갑니다.

형철은 7시 조금 넘어 영업 실적 마감을 끝냅니다. 고개를 들어 주변을 살펴보니 정 대리가 멍하니 뭔가 생각에 잠겼습니다. 언뜻 봐

선 실적 마감에 문제가 생겨 생각에 잠긴 듯합니다.

"뭐하세요?"

"휴가 어디로 갈지, 저녁 뭐 먹을지 생각하느라고. 아 참, 저녁 뭐 먹으러 갈래?"

"아뇨, 저는 약속 있어서 가야 해요."

"마감 벌써 끝냈어?"

"네, 정 대리님. 그냥 지금 이 순간 당장 내가 할 일 열심히 하는 게 최고인 거 같아요. 전 갑니다."

정 대리는 그가 사라진 쪽을 한참 바라보다 다시 생각에 잠깁니다.

사람들은 행복을 끝없이 뒤로 미루며 살아갑니다. 지겨운 학교를 졸업하고, 좋은 직장에 취직하고, 승진하면 행복해질 것이라고 생각합니다. 또 결혼하고 아이를 갖게 되면 행복할 것이라고 생각합니다. 그런데 그 다음 단계에 가면 또 다른 고민만 쏟아집니다. 행복은 가장 짧은 시간인 '지금'을 마음껏 즐길 때 오지 않을까요.

이를 위해 '3분 법칙' 활용을 추천합니다. 3분 법칙은 하기 싫은 일에 대해 딱 3분만 하자는 생각을 갖고 시작하라는 것이죠. 그러면 일이 쉽게 손에 잡힙니다. 재밌는 건 일단 시작하면 싫던 일도 30분이고 한 시간이고 하게 됩니다. 시작이 반이란 말이 통하는 셈입니다.

빨래하기, 방 청소하기 등 미뤘던 이들을 딱 3분만 하겠다는 생각으로 시작해 보세요. 마무리 하기가 훨씬 수월해집니다.

25

사람과 사람을 이어주는 얇지만 강한 끈

"잠깐 쉬었다 합시다."

공장장의 말에 기계의 굉음이 멈추고 시흥목재 식구들이 옹기종기 모여 앉습니다. 오후 4시. 하루 중 가장 행복한 때, 바로 빵과 우유를 먹는 간식 시간입니다.

"이 맛에 공장에서 일하는 것 같아."

나이 50세가 넘은 김 씨가 기분 좋게 털썩 주저앉으며 말합니다.

늦가을 오후 해는 노란 빛을 띠며 서쪽으로 넘어갑니다. 쌀쌀한 날씨에 목을 타고 넘어가는 찬 우유는 상쾌합니다. 달콤한 팥이 든 빵은 고소합니다. 사실 오후 4시의 빵과 우유는 허기를 달랜다는 의미보다 기분 좋은 휴식이어서 더 좋습니다. 나른한 몸으로 힘든 오후를 버틴 뒤 먹는 상쾌함. 종일 일이 힘들어도 그 빵 한 조각과 우유

한 모금이 있어 견딜 만합니다.

"자, 다시 시작합시다."

그런데 달콤한 휴식은 늘 짧은 법. 모여 수다를 떠는 공간 위로 공장장의 우렁찬 목소리가 떨어집니다. 휴식은 즐겁지만 자리로 가는 일은 늘 아쉽습니다. 사람들은 서운함을 담은 채 일어섭니다. 모두가 각자 위치에 섰음을 확인한 순간 전원 스위치는 다시 올라갔고 기계 굉음이 건물 가득 차오릅니다.

시흥목재는 둘레 1미터가 넘고 길이가 20미터나 되는 커다란 원목을 건축 현장에서 쓰는 각목으로 자르는 일을 합니다. 거대한 원목이 레일 위 기차를 타고 앞으로 가면 빠른 속도의 톱이 거대한 신음 소리를 내며 나무를 잘게 조각냅니다.

나이 든 김 씨와 박 씨는 큰 기계에서 넓고 얇게 잘린 나무를 다시 가느다란 각목으로 자르는 작은 기계까지 옮기는 일을 합니다. 자르는 것은 기계들이 하지만 그 사이를 잇는 일은 사람이 하는 셈입니다.

그런데 김 씨와 달리 박 씨는 동작이 굼뜹니다. 큰 기계에서 나온 반제품을 재빨리 작은 기계까지 갖다 주지 못합니다. 그렇게 되면 작은 기계에서 일하는 사람들은 잠시 빈둥거리게 됩니다. 공장장은 이걸 눈 뜨고 보지 못합니다.

특히 주문이 밀렸을 때는 정도가 심합니다. 바로 오늘이 그런 날입니다. 밀린 물량을 맞추기 위해 며칠째 야근을 하고 있습니다. 물론 돈을 더 받지만 모두가 힘듭니다. 공장장은 나이가 본인보다 10살 많은 박 씨에게 반말까지 섞으며 닦달합니다.

"어이, 박 씨. 그거 빨리 좀 날라요. 당신 때문에 일이 늦어져서 되겠어?"

보기에 답답한 면이 있습니다. 사실 더 젊은 사람을 쓸 수도 있지만 정이 들었습니다. 한 집안의 가장을 함부로 내칠 수도 없습니다. 그런데 공장장은 가끔 화가 나면 위험한 선을 넘습니다.

"박 씨, 빨리 좀 하라니까. 그렇게 하려면 내일부터 출근하지 마!"

잘 참던 박 씨가 그날따라 공장장에게 대듭니다.

"그래, 인마. 나가면 되잖아! 내가 이거 아니면 할 게 없는 줄 알아! 나이도 어린놈이."

박 씨는 손에 낀 장갑을 빼서 집어 던지고 씩씩거리며 공장 밖으로 가 버렸습니다. 사람들은 기계를 세우고 박 씨를 말리려 갑니다.

그때 공장장이 분한 듯 소리칩니다.

"그냥 놔두고 빨리 각자 자기 자리로 가세요."

사실 나가면 할 게 별로 없는데…. 그러나 다음 날 박 씨는 출근하지 않았습니다.

박 씨의 자리는 임시로 공장장이 메우고 있습니다. 아마 하루 이틀

바로 지금이 가장 행복한 시간

기다리다 안 오면 새로운 사람을 뽑을지 모르겠습니다.

오후 4시. 어김없이 빵과 우유를 먹는 시간이 됐습니다. 평소처럼 가게 주인은 빵과 우유를 박 씨 몫까지 들고 왔습니다. 박 씨가 안 왔다는 사실을 그는 알 수 없습니다. 어쩌면 그는 박 씨가 누군지도 모를 것입니다. 빵과 우유가 하나씩 남았습니다.

"남은 거 내가 먹어야겠구먼."

김 씨는 냉큼 빵과 우유를 집어 듭니다. 얌체 같지만 김 씨의 행동을 누구도 나무라지 않습니다.

다음 날 오전 8시 10분 전. 출근 시간이 되자 하나 둘 사람들이 시흥목재 안으로 모여듭니다. 일찍 출근한 사람들은 자꾸 문 밖을 내다봅니다. 혹시나 박 씨가 나타나지 않을까 기대하는 눈빛이 가득합니다. 다른 날 같았다면 8시 정각에 기계를 돌렸겠지만 오늘은 잠시 뜸을 들입니다. 그러나 10분이 지나도록 박 씨가 나타나지 않자 허

공만 보던 공장장이 힘없이 말합니다.

"자, 시작합니다."

바로 그때였습니다.

"박 씨 아저씨다!"

공장에서 막내인 현철이가 소리를 칩니다. 사람들은 일제히 공장 문을 봅니다. 박 씨가 어눌한 표정으로 문 앞에 서있습니다. 사람들이 문으로 달려갑니다.

"아이고, 잘 오셨어요."

반갑게 사람들은 인사를 건넵니다. 박 씨는 어색한 표정으로 웃어 보입니다.

그런데 그의 손엔 김 씨가 어제 가져간 것과 같은 종류의 빵과 우유가 있었습니다. 순간 김 씨가 묻습니다.

"아니, 그거 먹으라고 준 건데 왜 도로 갖고 왔어?"

"도저히 눈물이 나서…."

박 씨는 말을 잊지 못합니다. 그랬습니다. 김 씨는 그 빵과 우유를 들고 박 씨를 찾아갔습니다. 박 씨는 그것을 보는 순간 오후 4시 정답게 둘러 앉아 간식을 먹던 풍경이 떠올랐고 가슴이 멍해졌습니다. 그 짧은 간식 시간이 서로를 이어 주고 있었던 것입니다.

박 씨는 웃으며 공장장에게 묻습니다.

“이거, 있다가 오후에 먹어도 되지?”
“아이, 그럼요. 당연하죠. 오늘 것까지 두 개 드세요. 두 개.”
머쓱한 공장장이 오버를 합니다. 사람들이 유쾌하게 웃습니다.

대학 시절 정말 가까운 친구가 있었습니다. 그러다 절교를 했습니다. 한참 후 그 친구에게 문자가 왔습니다. ‘야, 나 학생회장 선거 떨어지던 날 둘이 펑펑 울던 거 생각나냐?’ 순간 마법에 걸린 듯 잊었던 과거가 파도처럼 몰아쳤고 증오는 씻겨 내렸습니다. 즉시 답장을 보냈습니다.
‘당연하지, 친구야.’
친했던 사람과 갈라섰을 때 너무 작아서 보이지 않는, 혹은 기억 아래쪽에 잠자는 가늘고 얇은 둘 만의 끈을 찾아 보세요. 같은 공간에 있는 사람은 작지만 강한 끈에 묶여 있습니다.

26

나의 헛된 하루가 누군가에겐
가장 소중한 하루

허영민 과장은 인생의 단 하루도 헛되이 쓰지 않기를 소망하며 살고 있습니다. 매일 일기를 쓰는 것도 그 때문입니다. 그날 일을 정리하며 허 과장은 보다 나은 내일을 차분히 준비합니다.

10분 전 썼던 오늘의 일기 첫 줄은 '사회생활을 한 이후 가장 허무한 하루였다' 였습니다. 그런데 그는 지금 그 문장을 백스페이스로 깔끔히 지웠습니다.

반대로 허 과장은 '가장 큰 보람과 깨달음을 얻은 하루이며, 평생 중요한 의미로 오늘을 간직할 것이다' 란 말을 적어 넣습니다. 그의 얼굴에는 미소가 가득합니다.

사실 아침에만 해도 그의 마음엔 허무함이 엄습했습니다. 기대했던 K사 출근이 하루 연기됐기 때문입니다.

전 직장 Y사 마지막 업무를 마친 어제 동료와 소주 한잔 마실 때였습니다. K사에서 내부 사정으로 출근을 하루만 연기하라는 전화가 급하게 왔습니다. 4월 1일인 오늘부터 출근이 예정됐었는데 말입니다.

술좌석 동료들은 "하루쯤 쉬는 게 매듭짓기에 좋다"며 위로했으나 그는 떨떠름했습니다. 다리 위를 달리던 차가 갑작스레 길이 끊어진 곳에 멈춰 선 기분입니다. 앞쪽은 연결이 덜 됐고, 뒤쪽은 시간이 지났다며 무너졌습니다. 세상에 혼자 남은 기분입니다.

떨떠름한 기분으로 허 과장은 평일 아침을 맞아야 했습니다. 모두 출근한 시간에 집에 남겨진 느낌은 외딴섬에 떨어진 듯한 고독을 느끼게 했습니다.

그런 허 과장에게 아내는 일곱 살인 둘째와 하루 놀러갈 것을 제안했습니다. 처음엔 거절했습니다. 모든 사람이 일터에 있는 시간에 아이와 노는 이미지가 싫었습니다. 말 그대로 백수의 이미지로 비춰지는 게 왠지 유쾌하지는 않았습니다.

그러자 아내는 "주말도 매일 출근하다시피 해 언제 애들과 놀아 준 적 있느냐, 특히 작은애하곤 여행 한번 간 적이 없다"고 쏘아붙였습니다.

사실 그랬습니다. 큰애가 어렸을 땐 허 과장도 아들과 여기저기 다녔습니다. 첫아이라 좋았고 여력도 있었습니다.

그런데 둘째가 태어날 무렵 허 과장은 조급증에 사로잡혔습니다. '사오정 면하려면 30대에 뭔가 이뤄야 한다' 는 생각에 마음이 분주했던 것입니다. 물론 바탕엔 성공이라는 출세욕이 있었습니다. 스카우트에 가까운 이번 이직도 밤낮없이 일에 정열을 쏟은 대가입니다.

딱히 변명거리도 없고, 집에 있자니 더 불안할 것 같아 허 과장은 아이와 가까운 놀이공원에 갔습니다. 그러나 머릿속은 허무함의 적막과 새 직장에 대한 불안으로 가득했습니다. 아이 손에 끌려 놀이기구를 탈 때도, 아이스크림을 살 때도 마찬가지였습니다.

가끔 걸려오는 전 직장 거래처 사람들에게 이직 사실을 알리는 것도 고욕이었습니다. 저녁을 먹고 이런저런 일을 하다 잠든 아이를 보며 노트북을 켜고 오늘 일기의 첫 줄을 적었습니다.

첫 줄에 '허무한'이란 단어를 쓰니 다음이 이어지지 않았습니다. 그래서 두리번거리는 순간 둘째 아이의 그림일기가 눈에 들어왔습니다. 둘째 아이는 아빠를 따라 한다며 매일 일기를 씁니다. 지금은 자고 있습니다.

생각 없이 펼쳐든 둘째 아이의 일기. 그런데 그 안엔 그가 보지 못한 세상이 있었습니다.

바로 지금이 가장 행복한 시간

　오늘 날짜 일기에 "아빠와 단둘이 놀이 공원에 갔다. 내 인생 최고의 날이다"라고 적혀 있었습니다.
　순간 허 과장은 가슴이 먹먹해지고 눈물이 왈칵 솟는 걸 느낍니다. 자신이 가장 허무하게 보냈다고 생각한 하루가 가장 소중한 보물인 아이에게 최고의 날이었던 것입니다.

의미 없이 빈둥거리며 버려야 할 공짜 시간이 생겼다면 누군가를 위해 한번 써 보세요. 부모님을 찾아뵙는 것도 좋고, 아내를 위해 설거지를 해 보는 것도 괜찮습니다. 나의 버려지는 시간이 누군가에게 인생 최고의 선물이 될 수 있습니다.

오래돼 쓸모없어진 도시의 컴퓨터가 외딴섬 아이들에게 꿈을 키워 주고 있다는 기사가 있었습니다. 쓸모없어졌다고 무심코 버리지 마십시오. 어디엔가 애타게 그걸 기다리고 있는 사람이 있을 수 있습니다.

27

1 더하기
무한대

저녁 준비를 위해 부엌에 갈 무렵 전화가 왔습니다.

"안녕하세요. 최원영 선생님 댁이죠?"

"네, 맞습니다."

"안녕하세요. 2학년 2반 김현희 학생 엄만대요. 잠시 찾아뵈려고요."

남편이 교사로 있는 초등학교 학부모입니다.

"그런데 무슨 일 때문에…?"

"뵙고 말씀드렸으면 하는데."

"네, 알겠습니다. 위치는 아세요?"

"그럼요. 여기서 가까운걸요. 제가 연남시장에 있거든요. 금방 찾아뵙겠습니다."

시골 학교이기에 선생님 집이 어딘지 학부모 대부분은 알고 있습니다. 그러나 직접 찾아오는 경우는 흔치 않습니다. 물론 가끔 비싼 선물을 들고 오는 경우도 있습니다. 그런 경우 부담도 되고 기분도 찜찜합니다. 대부분 아내가, 더러는 남편이 돌려보냅니다. 그런 생각들이 스쳐가는 순간 초인종이 울립니다.

"아이고, 사모님 안녕하세요? 전화 드렸던 현희 엄마예요. 처음 뵙겠습니다. 자주 찾아뵈야 하는데."

현관 앞에 선 여인은 그을린 얼굴에 주름이 깊은 대한민국 보통 아줌마였습니다. 아내는 왠지 모를 편안함과 안도감을 느낍니다.

"아, 아니에요. 들어오세요."

"아니에요. 빨리 가봐야 해요. 제가 시장에서 야채를 파는데, 가게를 잠시 맡겨두고 왔거든요."

현희 어머니는 손사래를 치며 거절합니다.

"그래도, 들어오셔서 차라도 한잔…."

"아니에요. 됐어요. 그리고 이거."

그러면서 현희 어머니는 까만 비닐봉지 하나를 건넵니다.

"선생님께 너무 고마워서요. 조그만 선물입니다. 누추합니다."

그러면서 어제 학교에서 있던 일에 대해 현희 엄마는 말합니다. 현희는 발목 인대가 늘어나 제대로 걷지 못하는 상황이랍니다. 그런데

바로 지금이 가장 행복한 시간

수업 중 갑자기 화장실이 가고 싶어진 거죠. 말은 못하겠고 자칫 교실에서 실례를 할 형편이었습니다. 그때 선생님이 어디 아프냐고 물었고 현희가 자초지종을 설명하자 남편이 직접 업어서 화장실까지 데려다 줬다고 합니다.

"선생으로서 당연히 해야 할 일인데요, 뭘."

"아이고, 그런 사소한 일이 받는 사람한텐 얼마나 고마운데요. 우리 딸이 그러더라구요. 꿈이 생겼다고. 커서 우리 담임선생님처럼 훌륭한 교사가 되겠다고. 얼마나 고마운지."

그 말을 듣고 아내는 거칠고 메마른 손이 들고 있는 까만 비닐봉지를 그냥 돌려보낼 수 없었습니다.

"그럼, 저는 가 볼게요."

"네, 이거 너무 고마워서."

"별말씀을 다 하시네요. 나오지 마세요."

그 말을 남긴 채 현희 어머니는 쏜살같이 현관을 빠져나갔습니다. 아내는 그녀가 간 뒤에도 잠시 현관에 멍하니 서 있었습니다.

까만 비닐봉지 안에는 두부 한 모, 콩나물, 파 한 단이 담겨 있었습니다. 현희 어머니가 시장에서 파는 걸 갖고 온 모양입니다. 건네는 마음이 참으로 고마웠던, 태어나 가장 감격스런 선물이었습니다.

퇴근하고 돌아온 남편에게 그 이야기를 했습니다. 남편은 흐뭇한 미소로 듣고 난 뒤 엉뚱한 질문을 합니다.

"당신 1 더하기 무한대가 얼마인지 알아?"

"무한대죠."

"그럼 1억 더하기 1억은?"

"2억이요. 지금 그런데 뭐하는 거예요?"

"마지막으로 한 문제만 더. 1 더하기 무한대와 1억 더하기 1억 중 뭐가 더 클까?"

"당연히 1 더하기 무한대죠."

"거기서 무한대가 마음이야. 아무리 작은 선물이라도 마음이 담기면 무한대의 가치를 가지게 되지. 그래서 사람들은 가장 비싼 선물보다 마음이 담긴 조그만 선물을 가슴속에 간직하는 거야."

초가을 귀뚜라미 소리가 유난히 정겨운 날입니다. 오늘따라 남편의 아내인 게 행복합니다. 이런 맛에 인생은 살만한 가치가 있나 봅니다.

만일 이수일이 변절한 심순애를 비난하며 '김중배의 다이아몬드가 그렇게 좋더냐' 라고 비난하는 대신 싸구려 반지에 마음을 담아 선물했다면 상황이 어땠을까요. 이수일이 이길 수 있었을 것 같습니다.

돈이 없다고 선물을 할 수 없는 건 아닙니다. 우리의 가슴 속엔 천 원짜리도 그 가치를 무한대로 만들 수 있는 마음이 있으니까요. 좋은 사람을 위해 마음이 담긴 조그만 선물을 준비해 보세요.

28

계란말이 한 조각이
만든 변화

"와! 계란말이다!"

아침 밥상에 계란말이가 올라왔습니다. 우리나라 사람이 즐기는 반찬 중 하나가 계란말이입니다. 성민은 특히 그렇습니다. 아버지를 닮아 아이들도 계란말이를 좋아합니다.

계란말이가 나오면 아버지와 두 아이가 경쟁적으로 먹어치웁니다. 딱히 반찬거리가 생각나지 않으면 아내는 계란말이를 내놓습니다. 그럼 모두가 행복해합니다.

"당신도 계란말이 좀 먹어."

"됐어요. 많이 드세요. 저는 별로 안 좋아한답니다."

성민은 부인이 계란말이에 손을 대지 않는 게 다행이라고 생각합니다. 경쟁자가 한 명 줄었으니 말입니다.

  식구가 계란말이를 좋아하는 통에 처가를 방문하면 장모는 사위와 손주를 위해 접시 한가득 계란말이를 내놓습니다. 가까이 사는 장모님이 건너와 저녁을 먹고 가라던 어느 일요일도 마찬가지였습니다. 먹음직스런 김치찌개와 제육볶음, 계란말이가 식탁 가득 차려졌습니다. 조촐하지만 맛깔스러운 식탁입니다.

  "장모님이 만드신 계란말이가 특히 맛있는 것 같아요."

  성민은 아이들과 맛있게 계란말이를 먹습니다.

  그 순간이었습니다. 큰놈이 계란말이 하나를 집어 엄마 밥그릇에 올려놓습니다.

  "에이, 엄마도 하나 먹어! 엄마도 외할머니가 만든 건 맛있을 거 아냐."

  잠시 눈이 휘둥그레진 아내가 미소를 지으며 말합니다.

  "그래도 우리 아들밖에 없네."

  그러더니 아내가 성민에게 눈을 흘기며 말합니다.

  "당신도 혼자만 먹지 말고 마누라도 주고 그래 봐라."

아내는 아들 머리를 쓰다듬으며 계란말이를 먹습니다.

그 말을 들은 뒤 성민은 뭔가 머리를 스치는 게 있었습니다. 그래서 식탁에 놓인 계란말이를 누가 먹는지 유심히 봅니다. 식탁 주변엔 처남 식구를 포함해 10명이 밥을 먹습니다. 그런데 아내뿐 아니라 장모님도 계란말이에 손을 대지 않습니다.

아내만큼 장모님도 계란말이를 좋아하지 않을 것 같다는 생각을 그는 무의식중에 해왔다는 느낌이 듭니다. 그런데 그렇지 않을 수 있습니다. 성민은 몇 개 남지 않은 계란말이 중 하나를 덥석 집어 장모님 밥그릇에 놓습니다.

"장모님도 하나 드세요."

아들이 했던 행동을 따라 한 셈입니다. 시선이 장모님 밥그릇으로 쏠립니다.

"어머, 엄마 좋겠네. 사위가 계란말이도 집어 주고. 빨리 드세요."

장모님보다 아내가 신나서 말합니다. 옆에 있던 처남의 부인도 거듭니다.

"어머님, 행복하시겠어요. 어서 드세요."

"그럴까."

장모님은 흐뭇한 미소를 지으며 쑥스러운 듯 계란말이를 베어 먹습니다.

바로 지금이 가장 행복한 시간

"우리 사위가 준 거라 아주 맛나네."

순간 가족들의 웃음소리가 거실에 가득합니다. 장모님의 눈가엔 살짝 이슬도 맺혔습니다.

돌아오는 차 안에서 아내가 말합니다.

"고마워. 아까 우리 엄마한테 계란말이 건네준 거. 당신 무뚝뚝하기만 한 줄 알았더니…."

그날 이후 아내의 바가지도 줄고 무척 상냥해졌습니다. 계란말이 한 조각이 만든 변화치고 꽤 짭짤했습니다.

천국과 지옥의 비유가 있습니다. 진수성찬이 차려지고 각자에게 긴 수저가 주어졌습니다. 지옥에 있는 사람들은 수저가 너무 길어 자기 입에 음식을 넣지 못했다고 합니다. 반면 천국에 있는 사람들은 맛있게 먹었다고 합니다. 음식을 서로 앞사람에게 먹여 줬기 때문입니다.

오늘 저녁 부모님에게 혹은 가족에게 반찬 하나 집어 건네세요. 세상이 천국이 되지 않을까요. 그리고 기억하세요. 어머니가 맛있는 반찬을 먹지 않는 이유는 결코 싫어해서가 아닙니다.

29

감출수록
돋보이는 선물

"차 바꿔줄까?"

정비소에 들렀다 집에 가겠다는 아내의 전화에 남편이 말합니다.

"아뇨, 됐어요. 차 사 줬다고 무슨 유세하시려고요."

15년 넘은 아내의 경차는 고장이 잦습니다. 2년 전 처제의 차를 공짜로 얻은 후 계속 타고 있습니다. 아이들이 대학에 간 후 시작한 프리랜서 출판사 일 때문입니다. 측은한 아내를 위해 남편은 차를 사 주려 하는데 아내가 극구 사양합니다.

"당신한테 용돈 타 쓰는 게 치사해서 일하는데, 왜 차를 받아요. 내가 돈 벌어서 살 거예요."

아내가 하는 말입니다.

전화를 끊은 남편은 옆에 있던 친구 김 사장에게 말합니다.

"내 참, 차를 사준대도 싫다고 하고."

사업에 성공한 남편은 돈을 좀 벌었습니다. 아내에게 차 한 대 사줄 여력이 됩니다.

"이 사람아, 사 주려면 조용히 사 줘야지. 목에 힘주고 이래라저래라 하니까 그렇지."

"그럼, 돈 들여 사 주는데 그 정도 유세도 못해? 지난번 옷 사 주고 '당신, 좋은 남편 만나서 호강하는 줄 알아' 그랬더니 막 대드는 거야. 옷 한 벌 사 주고 너무 생색낸다고…. 아니 그러면 자기가 돈 벌어 사던지."

"야, 잘못하면 돈 쓰고 욕먹어. 예수님이 말씀하셨잖아. 왼손이 하는 일을 오른손이 모르게 하라."

"그래도 내가 어떻게 번 돈인데…. 그 고마움을 알려 줘야지."

"선물이 클수록, 크게 도와줄수록 낮은 자세로 줘야 해. 그래야 감동이 큰 거야. 너 정치인들 싫어하지?"

"글쎄, 썩 좋아하진 않지."

"그 사람들 봐. 연말에 딱 한 번 고아원 방문하면서, 온갖 생색 다 내잖아. 사진 찍고 일장 연설하고. 그러니까 사람들이 좋아하지 않지. 크게 도울수록 낮아져야 해."

"공자님 말씀 같다."

“이 사람 아직 뭘 모르는구먼. 떠먹는 수저가 작아야 아이스크림이 많아 보이는 법이야. 낮은 자세로 줘야 선물이 더 커 보이는 거라구.”

여기까지 얘기한 김 사장이 잠시 뭔가 생각하다 묻습니다.

“자네 부인이 어떤 차를 사고 싶어 하는지 알지?”

“알지. 다만 본인이 벌어 산다고 난리지.”

“자네도 사 주고 싶을 거 아냐. 낡은 차 때문에 자칫 사고라도 나면 자네만 고생 아닌가.”

“사실 그렇지.”

순간 남편 얼굴이 살짝 어두워집니다.

“그럼, 이렇게 해 봐.”

김 사장은 남편에게 귓속말로 뭔가를 이야기해줍니다. 그리고 며칠 후 아내의 생일이 됐습니다. 아내는 전날 남편이 조그만 선물이라도 들고 올 줄 알았습니다. 얼마 전 사고 싶은 차에 대해 묻기에 속으로 ‘이 사람이 미쳤나’ 하면서도 기대를 했습니다. 그런데 차는 고사하고 내비게이션도 없습니다.

아내는 아침에 부스스 눈을 뜨고 일어납니다. 남편은 아직 자고 있습니다. 마지막 실낱같은 희망으로 남편 양복 주머니를 한번 건드려 봅니다. 아무것도 없습니다.

‘으이그.’

아내는 남편의 머리를 쥐어박는 시늉을 하고 부엌에 갑니다. 익숙하게 스위치를 올리고 냉장고 문을 엽니다. 아내가 아침에 일어나 먼저 하는 일은 물에 감식초를 타 마시는 것. 감식초를 꺼내기 위해 냉장고 안을 보던 아내가 깜짝 놀랍니다.

"어머, 이게 뭐지?"

감식초 위에 예쁘게 포장된 조그만 박스가 놓여있었습니다. 순간 아내 머리에 스친 건 40년 된 초등학교 시절 보물찾기. 꼭꼭 숨은 보물을 찾았을 때의 환희와 감동입니다.

'설마, 남편이…'

남편의 행동으로 생각하기 힘들지만 감식초 마시는 습관은 그만이 압니다. 아내는 바위틈에서 커다란 보석을 꺼내는 듯 조심스럽게 선물을 들어 올립니다.

"머리핀인가? 보석은 아니겠지?"

박스 크기로 추정할 때 장신구 아니면 보석입니다. 아내는 당연히 장신구라고 생각합니다. 구두쇠 남편이 보석을 사 줄리 없습니다. 그래도 기쁜 마음으로 식탁에서 선물을 펼칩니다.

그런데 그녀 눈에 들어온 건 예쁜 고리가 달린 자동차 열쇠. 순간 아내는 주체할 수 없는 눈물을 흘립니다. 눈을 비비며 거실로 나온 남편 손을 아내는 꼭 잡습니다.

"왜 그래?"

남편은 아무것도 모른다는 듯 묻습니다.

"선물 정말 고마워. 이렇게 심장이 터질 것 같은 기분, 태어나서 처음이야."

그러나 남편은 다시 시치미를 땝니다.

"무슨 선물?"

"자동차 키."

아내는 열쇠를 들어 보입니다. 그러자 남편이 웃으며 말합니다.

"난 준 적 없는데. 산타할아버지가 다녀가셨나?"

아내는 흐르는 눈물을 닦으며 미소를 짓습니다.

그러다 남편은 막판에 분위기를 깹니다.

"보험료는 네가 내라."

누군가에게 좋은 일을 해주면 생색내고 싶습니다. 그런데 생색내는 만큼 받는 이의 고마움이 줄어들곤 합니다. 자존심을 건드리기 때문일 겁니다.

가끔 이름도 밝히지 않은 채 큰돈을 학교나 복지단체에 기부하는 분들이 있습니다. 비록 누군지 모르지만 사람들은 그런 분들에게 최고의 경의와 고마움을 표시합니다. '감출수록 돋보인다' 는 세상의 묘한 역설입니다.

엄마의 카레는 세상에서 가장 큰 행복입니다 ^{30.}

토요일이지만 아내는 아침부터 바빴습니다. 새벽 산행에 나선 동네 친목회 분들에게 김밥을 전하기 위해서입니다. 남은 김밥 몇 줄로 아이들 그리고 남편과 아침을 때웠습니다.

그 뒤 밀린 빨래를 대충 세탁기에 쑤셔 넣고 남편에게 세탁기가 다 돌아가면 널어달라고 부탁한 뒤 어제 마무리하지 못한 정산을 위해 책상에 자리를 잡습니다.

'3년 연속 판매왕'

그 타이틀은 영광스럽습니다. 가장 큰 보험회사의 판매왕에 오른다는 것은 하루아침에 되지 않습니다. 많은 노력이 필요합니다. 1초를 아껴가면서 뛰어야 하고 때론 주말도 산더미처럼 일에 묻혀 삽니다.

점심 무렵에 있는 고객과의 약속을 위해 자료를 덮은 채 아내는 부랴부랴 밖으로 나갑니다.

"여보, 애들하고 점심 알아서 챙겨 드세요. 미안해요."

"그래, 우린 걱정하지 말고, 일 잘 보고 와."

남편은 아내를 안심시킵니다. 아내는 일 때문에 나가야 하는 상황이 아이에게 미안합니다. 한편 이해해 주는 가족이 고맙기도 합니다. 일이 잘 돼 행복할 때도 있지만 가족들이 따뜻한 가슴으로 이해해 주는 모습이 더 좋습니다.

일을 마치고 아내가 부랴부랴 집에 온 시간은 세 시. 남편은 일 때문에 나갔고 아들은 TV를 보고 있습니다.

"점심은 먹었니?"

"응, 아빠하고 라면 끓여 먹었어."

'또 라면이구나.'

아내의 가슴이 아프고 쓰렸습니다. 남편을 탓하기도 뭣합니다. 여자라는, 엄마라는 이유로 가슴이 아픕니다. 대충 집안을 치운 뒤 아내는 자리를 잡고 오전에 마무리하지 못한 일에 들어갑니다.

"엄마, 나 배고파."

정신없이 자료를 정리하고 있을 때 아들이 문을 열고 들어와 말합니다.

"어머, 벌써 저녁때구나. 시간이 금방 가네."

"어, 6시 반. 공부하는 나보다 엄마의 집중력이 더 대단해."

"호호호, 우리 아들 엄마 칭찬도 해 주고. 고마워. 그런데 뭐 먹을래?"

"카레 먹고 싶어."

"카레?"

유난히 카레를 좋아하는 아들입니다.

순간 '정신없이 바쁜데 즉석 카레로 때워?' 하는 생각이 듭니다. 그러나 아들놈은 엄마가 직접 만들어 주는 카레가 아니면 잘 먹지 않습니다.

아내는 "금방 만들어 줄게, 우리 아들!"하는 말과 함께 과감히 자리를 털고 일어섭니다.

부엌에 서는 순간 아내는 점심 시간 손님이 몰려온 분식집 주인으로 돌변합니다. 후다닥 냉장고를 뒤져 양파, 감자, 당근, 돼지고기를 꺼내 얇게 썰고 프라이팬에 볶기 시작했습니다. 고소한 냄새가 퍼지는 순간 미리 끓인 물을 붓고 카레를 풀어 넣습니다. 커다란 기포가 올라오면 먹음직스런 카레가 완성됩니다. 냄새에 취한 아들은 젓가락을 들고 식탁에 앉아 흐뭇한 미소를 짓습니다. 아내는 김치와 밥 한 그릇을 퍼 주고 그 위에 카레를 붓습니다.

"잘 먹겠습니다!"

아들의 인사를 듣는 둥 마는 둥 하고 아내는 다시 책상으로 달려갑니다. 해야 할 일이 끝이 없습니다.

시간이 얼마나 지났을까. 아내도 배가 고파졌습니다. 아들이 밥을 잘 먹었는지 궁금하기도 합니다. 부엌에 가서 카레를 확인해보니 한참이 줄었습니다. 그런데 전기밥솥에 밥이 새로 지어져 있습니다.

"역시 엄마가 만들어준 카레가 최고야. 밥 다 먹었어. 엄마 배고플까 봐 밥 새로 했어."

아들이 부엌으로 오며 말합니다. 순간 엄마는 생각합니다.

'무슨 소원이 더 있겠니.'

엄마는 세상에서 제일 행복한 사람이 됐습니다. 아무리 성공해도 행복은 늘 주변 작은 곳에 있습니다.

돈과 권력이 모든 걸 해 줄 것 같은 생각을 합니다. 그런데 정작 주어지면 그것의 허무함과 함께 역시 행복은 작은 곳에 있다는 걸 알게 됩니다.

80평 넘는 고급 아파트에 살아도 잘 때 필요한 공간은 두 평이 채 안 됩니다. 작은 곳의 행복을 놓치지 않아야 그 잠자리가 편합니다. 넓은 아파트도, 값비싼 침대도 이를 대신할 수 없습니다.

^{31.} 아이의 작은 소리에 담겨 있는 큰 울림

이찬우 사장은 오랜만에 가족 동반 야유회 자리를 마련했습니다. 장소는 청평댐 인근 유원지. 어른들은 수상 스키를 즐기고 아이들은 물놀이에 신이 납니다.

재밌게 놀던 사람들은 오후 12가 넘어가자 지글거리는 바비큐 주변에 모여 맛있는 점심을 먹습니다. 오늘 같은 날 힘쓰고 고기 굽는 일은 총각 사원들의 몫입니다. 즐거운 마음으로 봉사하는 그들 얼굴에서 이 사장은 가족애를 느낍니다.

그리고 오후 4시가 되자 간단한 다과와 음료를 마련한 가족 대항 장기자랑 대회를 시작합니다. 주로 아이들의 무대가 됩니다. 1등 상품은 디지털 카메라. 딸아이의 멋진 율동을 앞세운 김상식 과장 가족이 받습니다. 상을 받기 위해 김 과장 딸 소연이가 무대 위로 올라섭니다.

친근한 얼굴로 사장님이 묻습니다.

"소연이는 어느 학교 몇 학년이에요?"

그런데 멋진 춤 실력과 달리 목소리는 수줍은 듯 작습니다.
잘 들리지 않습니다.

"좀 크게 말해 줄 수 없겠니?"

그런데도 아이는 작게 말했습니다.

"뭐라고?"

답답해진 김 사장은 고개를 숙였습니다. 그런데 잠시 후 허리를 편
이 사장 얼굴이 굳어집니다. 멀리 보던 아버지 얼굴도 굳어집니다.

그러나 잠시 후 김 사장은 환한 웃음을 지으며 고개를 숙여
다시 무엇인가 묻습니다.

그리고 마이크를 잡고 말합니다.

"자, 오늘 일등은 효영초등학교 3학년 김소연 양입니다. 축하해요."

이 사장은 디지털 카메라를 전달합니다. 박수 소리가 납니다.

시상식을 마치고 자리에 돌아온 이 사장에게 옆에 있던 부인이 조
바심을 내며 묻습니다.

"애가 처음에 뭐라 말했는데 얼굴이 굳어지셨어요?"

"궁금해?"

이 사장이 묻습니다.

"네."

아내가 대답하자 이 사장은 아주 작은 소리로 답을 해 줍니다.

"뭐예요? 크게 말해요."

그러나 이 사장은 다시 장난스러운 얼굴을 하며 작게 말합니다. 짜증이 난 아내는 귀를 남편 입에 가까이 갖다 댑니다.

"안 들리면 사장님이 고개 숙이면 되잖아요."

순간 부인은 얼굴을 들어 잠시 남편을 물끄러미 봅니다. 그리고 큰 소리로 웃습니다.

"맞는 말 했네요."

"가끔 애들에게 많은 걸 배워. 너무 당연한 일인데, 나이 들면서 잊어 버린 걸 다시 기억하게 해 주지."

이 사장은 즐거운 듯 미소를 짓습니다. 시원한 강바람이 얼굴에 붑니다. 순간 김 과장이 헐레벌떡 달려옵니다.

"사장님, 죄송합니다. 애가 똘똘하긴 한데 때론 당돌해서요. 마음 상하셨죠."

"하하하, 아니야. 좋은 딸 뒀네. 잘 키워."

이 사장이 즐거운 얼굴로 말합니다.

"잘 키우세요. 나중에 우리 손자며느리 삼게요. 호호호."

이 사장 부인도 거듭니다.

김 과장이 어색한 미소를 지으며 돌아갑니다.

러시아의 문호 톨스토이는 진리는 학식이 풍부한 학자가 아닌 아이의 작은 소리에서 더 쉽게 찾을 수 있다고 말합니다. 마음을 열고 아이의 작은 소리를 고개 숙여 들어보세요. 나이 들며 잊었던 진리가 가슴에 찾아올 수 있습니다. 기회가 된다면 작은 풀잎 소리도 들어보세요. 자연의 큰 울림이 마음에 다가옵니다.

32

오병이어의
기적처럼

．

．

．

사람이 너무 많이 모였습니다.

광장에서는 집회가 어렵습니다. 장소를 들판으로 옮깁니다. 사람들
이 앞다투어 들판으로 갑니다. 좋은 자리를 맡기 위해서입니다. 구
름이 해를 가렸습니다. 가는 길 바람이 시원합니다. 좋은 날입니다.
스승이 도착하기 전 동산에는 천 명이 넘는 사람이 모였습니다. 스
승은 방금 스친 노인의 말을 되짚습니다.

"광장에선 좋은 자리를 맡았었는데…."

걸음이 늦은 그는 언덕 저편에 엉거주춤 자리를 잡았습니다.

장소를 옮겨 집회를 시작하자 어느덧 저녁 시간이 되었습니다. 질
문과 대답이 이어지다 보니 제법 시간이 늦어졌습니다. 육체의 배보
다 마음을 채우는 게 먼저인 스승은 자리를 지킵니다.

그런데 집회가 끝났을 때 사람들은 서로 눈치를 봅니다. 저녁이 고민을 제공한 것입니다. 사실 스승 일행도 급하게 장소를 옮기느라 때를 챙기지 못했습니다. 너무 늦지 않을 것 같기도 했습니다. 다른 사람도 마찬가지입니다. 주린 배로 다들 집까지 가야 할 분위기입니다.

그런데 개중에는 음식을 가져온 듯 불룩한 가방을 든 사람이 있었습니다. 그러나 선뜻 꺼내들지 못합니다. 안 가져 온 사람과 나눠야 할지도 모르기 때문입니다. 먹을 게 있었지만 모두 굶고 있습니다.

안타까운 표정의 스승은 바닥에 무언가 쓰며 잠시 생각합니다. 그리고 인자한 표정으로 다시 말을 합니다.

"가난한 것은 가진 게 적기 때문이 아닙니다. 그것에 속박 당하고 있기 때문입니다. 소유물에 너무 집착하면 가난해집니다. 다른 사람에게 마음을 열 수 없고 자기 자신을 줄 수 없기 때문입니다."

바로 그때였습니다. 열 살 정도 된 여자 아이가 스승 앞으로 왔습니다. 천진난만한 눈망울의 아이는 보리떡 다섯 개와 물고기 두 마리를 내놓습니다.

"작은 것이지만 여기 온 모든 분과 나누고 싶습니다."

스승은 아이에게서 천국을 봅니다. 그는 제자들에게 떡과 물고기를 최대한 작게 잘라 많은 사람들에게 나눠 주도록 했습니다. 간에

바로 지금이 가장 행복한 시간

기별도 안 갈 크기로 떡과 물고기는 작아졌고 그나마 모두에게 줄 수 없었습니다.

그런데 제자들이 조각을 돌리자 사람들이 웅성거리기 시작했습니다. 그리고 배낭을 열었습니다. 몇몇 사람의 배낭 안에는 늦을 것에 대비한 음식이 가득했습니다. 배낭 주인은 웃는 얼굴로 미처 준비하지 못한 사람에게 음식을 나눠줍니다.

순간 너른 들판은 유쾌한 소풍 장소가 됐습니다. 배불리 먹고도 다섯 광주리 가득 음식이 남았습니다.

기적이 일어난 것입니다. 아이가 내놓은 보리떡 다섯 개와 물고기 두 마리가 마음을 열어 모두 배불리 먹는 기적을 만든 것입니다. 신은 우리에게 많은 것을 주셨습니다.

할머니 다섯 명이 장터에 놀러갔습니다. 각종 간식거리가 즐비한 먹거리 마당이 있었으나 서로 외면했습니다. 속으로 침만 흘렸습니다. 먼저 사기 싫어서였습니다.

그때 한 할머니를 따라간 손자 한 명이 용돈 천 원으로 오방떡 다섯 개와 붕어빵 두 개를 샀습니다.

"할머니, 오방떡 하나씩 드세요"

손자는 고사리 같은 손으로 오방떡을 내밉니다. 그리고 아이는 동생과 붕어빵을 하나씩 나눠 먹었습니다.

잠시 할 말을 잃은 할머니들이 앞다퉈 떡볶이며 튀김이며 사기 시작했습니다. 저녁 햇살이 내리는 장터엔 할머니들의 웃음꽃이 활짝 폈습니다. 내가 연 작은 마음이 세상을 천국으로 만듭니다.

성경에 오병이어의 기적이 나옵니다. 예수가 보리떡 다섯 개와 물고기 두 마리로 5천 명이나 먹이고도 다섯 광주리의 음식이 남았다는 이야기입니다. 사실 여부를 떠나 이런 기적은 지금도 만들 수 있지 않을까요? 필요한 것은 내가 먼저 마음을 여는 일입니다. 내가 연 작은 마음이 큰 기적을 만듭니다.

낯선 사람과 며칠간 여행을 떠나야 할 때가 있습니다. 해외여행이나 연수 등이 그렇습니다. 먼저 붕어빵이라도 하나씩 돌려 보세요. 여행이 몇 배 더 즐거워질 수 있습니다.

33

관계를 바꾸는
작은 실천

남편을 일찍 여읜 어머니에게 아들 성수는 꿈이자 보배입니다. 빌딩 청소를 하며 아들을 키웠습니다.

아들은 전교 1, 2등을 다툴 만큼 공부를 잘했습니다. 변변한 과외도 해 준 것 없지만 좋은 성적을 올렸습니다. 공부 잘하는 아들만 보면 모든 걱정이 다 사라집니다.

"너만 보면 안 먹어도 배불러."

어머니가 늘 하는 말입니다.

성수는 고생하는 어머니에게 큰 효도를 하고 있다고 생각합니다. 아무리 어머니가 힘들어도 자신 때문에 버티고 있기 때문입니다.

"엄마, 나중에 내가 돈 많이 벌어서 호강시켜 줄게."

그러나 성수는 어머니에 대해 그리 자랑스럽게 여기지 못했습니

다. 때론 어머니가 자신의 품위를 떨어뜨린다고 생각했고 수치심도 느꼈습니다.

'더 좋은 부모 밑에 태어났으면….'

가끔은 자신의 신세를 한탄합니다. 자신의 능력이 좋은 배경과 결합했다면 더 훌륭하게 성장했을 것이란 생각이 듭니다.

그가 사법시험에 합격하던 날도 변호사가 되던 날도 어머니는 눈물을 흘립니다.

"너한테 해 준 것도 없는데. 이렇게 잘 돼서 고마워."

성수는 아내 역시 어머니와 마찬가지로 자신 때문에 호강하고 있다고 생각합니다.

'더 좋은 배경에서 태어났다면 더 나은 부인을 만날 수 있었을 텐데….'

그래서 성수는 가끔 아쉬운 생각이 들기도 합니다. 더욱이 홀어머니의 외아들인 성수는 여성들이 시집오기를 꺼려하는 최악의 조건입니다. 하찮은 신분이 성장의 발목을 잡고 있다고 때로 생각합니다.

변호사로 자리잡았을 어느 여름, 성수는 가족 모두에게 유럽 여행을 선물합니다. 같이 가고 싶었으나 일이 생겨 혼자만 남았습니다. 떠나던 날 아내가 걱정스럽게 말을 합니다.

"혼자 있어도 괜찮겠어?"

"그까짓 12일인데 뭘. 가서 엄마하고 아이들이나 잘 챙겨. 혼자 있으면 좋지, 뭘."

호기 있게 아이들과 아내, 어머니를 유럽으로 보냈습니다. 첫 해외 여행에 어머니는 기쁨의 눈물을 흘립니다.

그런데 아내와 어머니가 없는 생활은 3일을 못 가 엉망이 되기 시작합니다. 아침도 못 챙겨 먹고 빨래도 어렵습니다. 아내와 어머니의 빈자리가 큽니다.

그날 회사 화장실에서 마주친 청소부 아주머니의 얼굴이 다시 보입니다. 그 사람들이 없다면 자신이 얼마나 지저분한 화장실을 써야 하는지 깨닫습니다.

"고생이 많으시죠?"

성수는 자신도 모르게 아주머니에게 한마디 건넵니다.

"아이고, 별말씀을요."

아주머니는 황망한 듯 화장실을 빠져나갑니다.

"아빠!"

그날 저녁 전화가 왔습니다. 딸아이입니다.

"오늘 여행은 재밌었어?"

"응, 에펠탑도 보고 루브르박물관 갔었어."

"그래, 재밌게 구경하고 와. 동생하고 싸우지 말고 엄마랑 할머니 말씀 잘 듣고."

"알았어. 아빠, 할머니 바꿔 줄게."

잠시 뒤 너무나 귀에 익은 어머니의 목소리가 들립니다.

"아비야. 아들 잘 둔 덕분에 이게 늙어서 무슨 호강이냐. 너무 고맙다."

어머니의 목소리는 또다시 젖어 있습니다.

"아니에요. 제가 고맙죠. 제가 이만큼 된 게 따져 보니 다 엄마 덕분이더라고요."

"그게 뭔 말이여. 내가 해 준 게 뭐 있다고."

"하하하. 내가 할 줄 아는 것 몇 가지 빼곤 전부 엄마가 해 줬잖아요."

갑자기 목이 메어 옵니다.

셰익스피어가 레스토랑에 식사하러 갔을 때의 일입니다.

청소하던 젊은이가 탄식하듯 그에게 말합니다.

"같은 사람인데 선생님은 존경을 받고, 저는 청소부에 불과합니다."

그러자 셰익스피어는 이렇게 위로 했다고 합니다.

"자네는 빗자루를 들고 신께서 만든 우주의 한 부분을 아름답게 만들고 있는 거야. 나는 펜을 들고 우주의 한 부분을 아름답게 만들고 있는 것이고. 자네나 나나 신이 보시기에는 똑같은 직업을 가지고 있는 것이라네."

세상을 살아가는 동안 우리는 여러 사람의 도움을 받습니다. 그런데 정작 그들을 무시하기도 합니다. 그러나 그들의 노동이 있기에 내가 존재함을 기억해야 합니다.

오늘 하루 내 뒤에서 땀을 흘리는 사람에게 감사를 표해 보십시오.

셰익스피어의 말처럼 넓은 우주에서 하찮은 일은 없기 때문입니다.

우리에게 정말 필요한 것은 대단한 일을 잘하는 능력이 아닌,

작은 일을 소중하게 생각하고 실천하는 마음입니다.

한번만더, 조금만더

초판 1쇄 인쇄 2009년 7월 7일　초판 1쇄 발행 2009년 7월 13일

지은이 장순욱 **펴낸이** 신민식
기획 연준혁

출판 3분사장 노창현
편집장 최수진 편집 김남중 이수희
본문디자인 디자인밥 교정교열 이지숙

마케팅분사 권대관 곽철식 이귀애 이재원
제작 이재승 송현주

펴낸곳 (주)위즈덤하우스 **출판등록** 2000년 5월 23일 제13-1071호
주소 경기도 고양시 일산동구 장항동 846번지 센트럴프라자 609호
전화 031)936-4000 **팩스** 031)903-3893 **홈페이지** www.wisdomhouse.co.kr
출력 엔터 **종이** 화인페이퍼 **인쇄 · 제본** 현문인쇄

값 10,000원　ISBN 978-89-6086-191-6　03180

*잘못된 책은 바꿔드립니다.
*이 책의 전부 또는 일부 내용을 재사용하려면
　사전에 저작권자와 (주)위즈덤하우스의 동의를 받아야 합니다.

국립중앙도서관 출판시도서목록(CIP)

한번만 더, 조금만 더 / 지은이 : 장순욱. 고양 : 위즈덤하우스, 2009
p.; cm
ISBN 978-89-6086-191-6 03180 : ₩10000
인생훈[人生訓]
199.1-KDC4
179.9-DDC21　　　　　　　　　　CIP2009001951

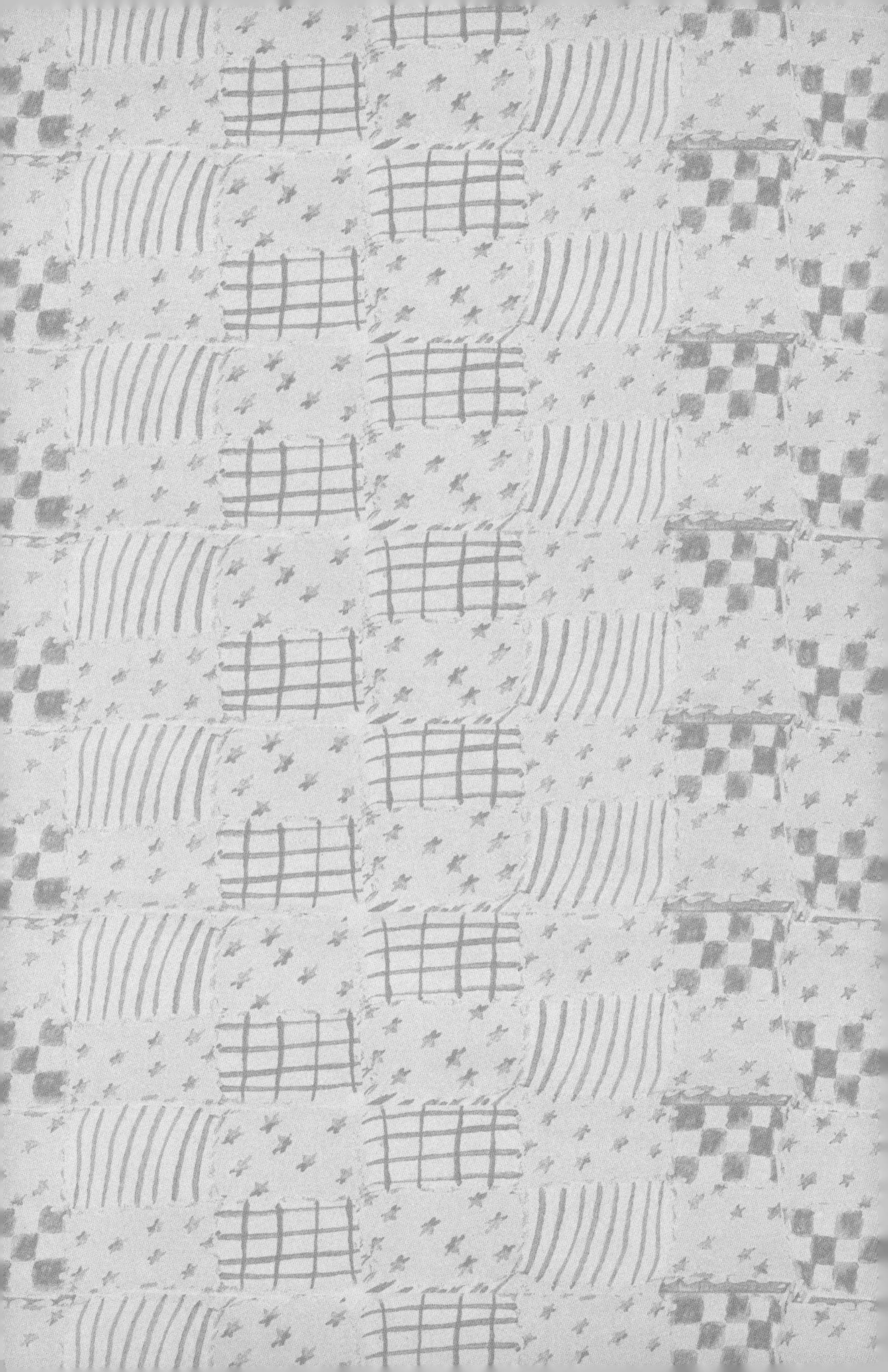

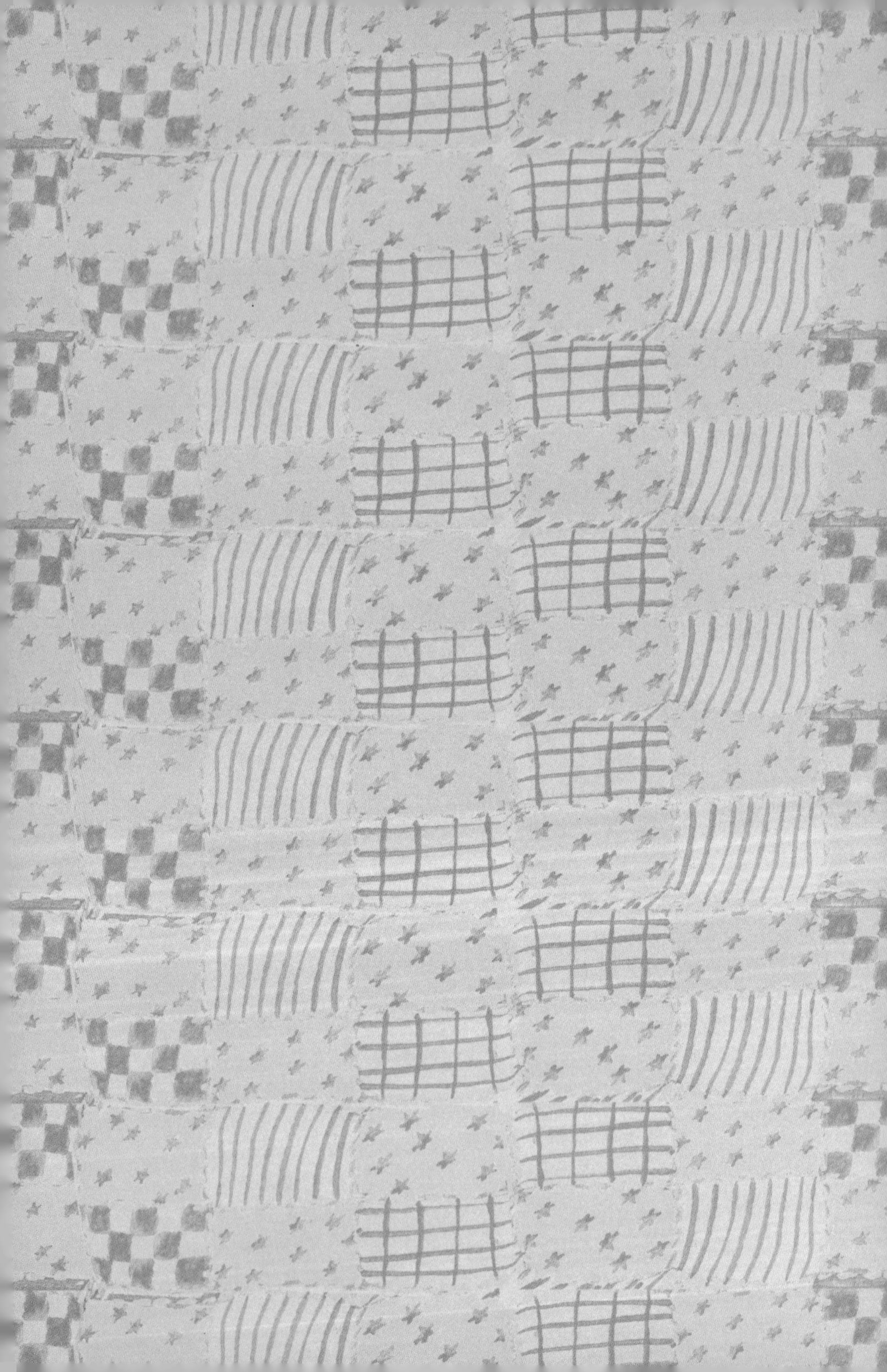

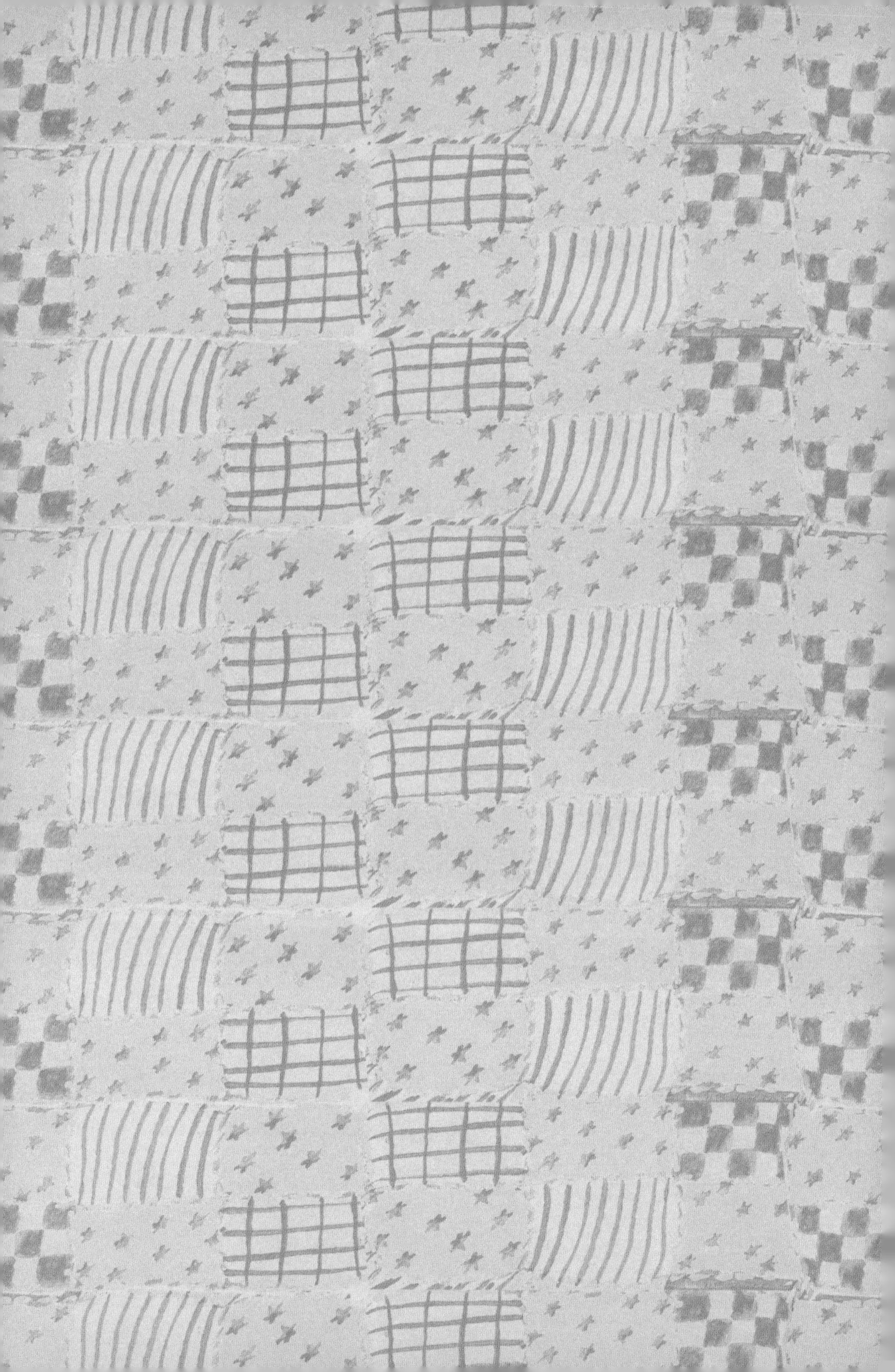

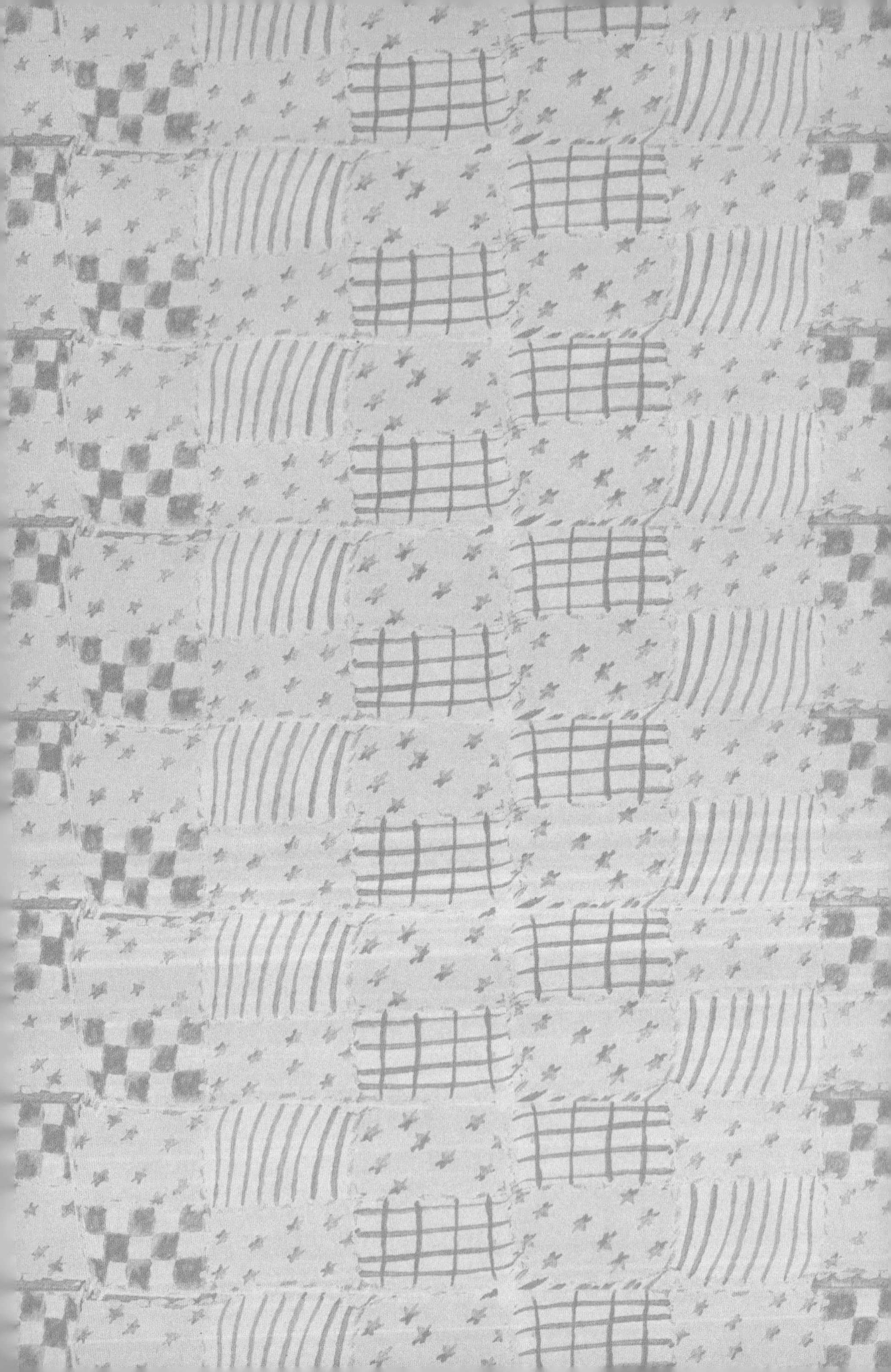